Manual de supervivencia y jardinería para niños

Domina las habilidades en la naturaleza y diviértete con ella

Tabla de Contenidos

Primera Parte: Bushcraft para niños

Domine el arte de la supervivencia al aire libre y prospere en la naturaleza salvaje

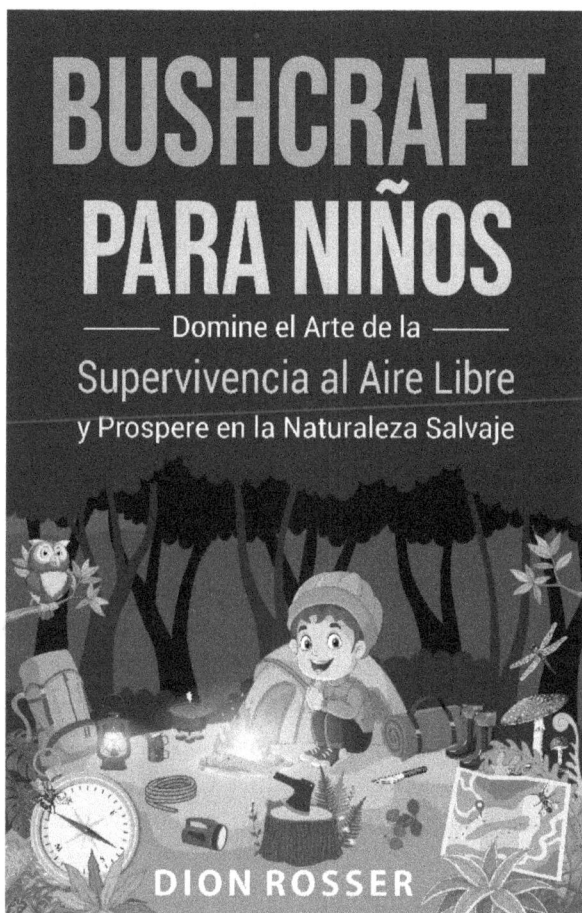

Carta de presentación a los padres

Aunque animar a los niños a aventurarse al aire libre es esencial para su salud y bienestar, es natural que los padres se preocupen por su seguridad. Es primordial que los niños comprendan la importancia de la seguridad, las habilidades prácticas a utilizar en la naturaleza y los pasos a seguir en situaciones difíciles. Este libro no trata solo de conocer las habilidades prácticas, sino de utilizarlas eficazmente en el mundo natural, preparando al niño para la exploración al aire libre.

El propósito de este libro va mucho más allá de la enseñanza de habilidades al aire libre. Es una guía práctica para su hijo, que alimenta una auténtica pasión por el aire libre y crea una conexión con la naturaleza.

Amor por el aprendizaje: A través de explicaciones sencillas, el libro pretende encender el amor por el aprendizaje. Su hijo descubrirá las habilidades de observación, exploración y descubrimiento para utilizarlas en el mundo natural, despertando la curiosidad y la sed de conocimiento.

Fomento de la confianza: Su hijo ganará confianza en sus capacidades al dominar habilidades prácticas. Esta nueva seguridad en sí mismo puede repercutir positivamente en su desarrollo general y en su sentido de la independencia.

Administración medioambiental: El libro educa a los niños sobre el valor de la naturaleza, el significado de la preservación de la vida salvaje y la necesidad de mantener el hábitat intacto durante sus exploraciones.

Vínculo familiar: Como padre, puede unirse a sus hijos en estas aventuras al aire libre. El libro ofrece una fantástica oportunidad para pasar tiempo de calidad en familia, reforzando el vínculo paterno-filial y creando recuerdos entrañables.

La seguridad ante todo: Tenga la seguridad de que el libro concede la máxima importancia a la seguridad. Su hijo aprenderá habilidades esenciales como primeros auxilios, búsqueda segura de alimentos, navegación y preparación para emergencias, asegurándose de que está bien equipado para manejar diversas situaciones al aire libre de forma responsable.

Los riesgos potenciales de la naturaleza son impredecibles, y precisamente por eso se comparten a lo largo del libro amplias pautas de seguridad y pasos fáciles de entender. La seguridad de su hijo es la máxima prioridad. Este viaje enriquecerá la vida de su hijo y creará recuerdos duraderos y un fuerte sentido de la responsabilidad medioambiental.

Gracias por confiar al libro la oportunidad de inspirar a una nueva generación de exploradores responsables y amantes de la naturaleza.

Carta de presentación a los niños

Prepárese para un emocionante viaje por la vida salvaje y la supervivencia al aire libre que le proporcionará habilidades para la vida que podrá utilizar en situaciones difíciles en la naturaleza. Este libro es algo más que palabras y páginas. Le lleva a un mundo en el que se convertirá en el aventurero definitivo mientras se mantiene a salvo a sí mismo y a los que le rodean. El viaje no consiste en leer o atiborrarse de información. En su lugar, se trata de hacer, experimentar y abrazar lo salvaje mientras se prospera en cada situación.

A medida que lea sus páginas, descubrirá cómo construir un refugio, hacer una hoguera, orientarse en la naturaleza y mucho más. Estas son las habilidades de los verdaderos aventureros, habilidades que le capacitan para explorar el mundo que le rodea. Sin embargo, recuerde que estas habilidades deben utilizarse. Cuanto más las utilice, más valiosas serán. Además de proporcionarle una visión general de estas habilidades de supervivencia esenciales, se le presentarán los fundamentos de la búsqueda de alimentos en la naturaleza y las técnicas de primeros auxilios para afrontar cualquier situación de supervivencia extrema con conocimiento y confianza.

La naturaleza salvaje no es solo un lugar para sobrevivir. También es un lugar para prosperar. Es donde descubrirá las maravillas de la naturaleza y la vida oculta bajo cada roca. La naturaleza es su maestra, y este libro su guía. Aprenderá a aventurarse al aire libre, a explorar los secretos de los bosques, a escalar las cumbres y a correr por las orillas. Sienta el viento en la cara, escuche el canto de los pájaros y contemple la danza de los árboles. La naturaleza es un tesoro de experiencias esperándole.

Tenga este libro como compañero porque cada página será un peldaño en su camino para convertirse en un verdadero explorador. Comparta sus historias con sus seres queridos, vea sus descubrimientos y comparta sus aventuras. La naturaleza salvaje es su patio de recreo, y usted es su apreciado huésped. Le deseamos un viaje increíble.

Sección 1: ¿Qué es Bushcraft?

¿Le encanta aventurarse en grandes aventuras al aire libre? Si es así, necesita aprender una serie de importantes habilidades de supervivencia en la naturaleza para su seguridad y disfrute al máximo de su aventura al aire libre. Estas habilidades de supervivencia se denominan bushcraft o habilidades de supervivencia. Necesita habilidades de bushcraft para vivir en zonas salvajes, remotas o en un lugar poco habitado.

Acampar consiste en disfrutar del entorno natural y de actividades divertidas. En cambio, el bushcraft consiste en una amplia gama de conocimientos prácticos y pericia necesarios para

El bushcraft incluye construir un refugio, hacer fuego y buscar comida y agua[1]

sobrevivir y prosperar en la naturaleza. El bushcraft incluye construir un refugio, hacer fuego y buscar comida y agua. Le enseña a confiar en sí mismo, a ser adaptable, a vivir en la naturaleza con un mínimo de recursos y a estar preparado para lo que venga. En esta sección, aprenderá todo sobre bushcraft y las habilidades al aire libre que todo pequeño aventurero debe aprender.

Importancia cultural e histórica

El bushcraft o las habilidades al aire libre han tenido una gran importancia cultural e histórica a lo largo de diversas épocas y civilizaciones. La gente ha confiado en estas habilidades para sobrevivir en la naturaleza a lo largo de la historia. Desde las antiguas comunidades forrajeras o cazadoras-recolectoras hasta las civilizaciones modernas, estas habilidades, que incluyen encender un fuego, construir un refugio, buscar comida y la capacidad de navegar, siempre han sido esenciales para la supervivencia.

Estas habilidades al aire libre siguen siendo muy importantes en muchas culturas indígenas y están muy arraigadas en su modo de vida. Estos conocimientos se transmiten de generación en generación para preservar las técnicas y aprehensiones tradicionales. Además, estos conocimientos están fuertemente ligados a prácticas culturales y rituales que reflejan la poderosa conexión entre la naturaleza y la humanidad. El bushcraft también ha desempeñado un gran papel en muchas exploraciones y acontecimientos históricos. Las habilidades para la vida salvaje fueron extremadamente importantes para la supervivencia y el éxito de los primeros exploradores que se aventuraron en nuevos territorios y de los descubridores que se asentaron en las nuevas tierras. Estas capacidades les ayudaron a adaptarse a nuevos entornos, afrontar retos y establecer comunidades desarrolladas.

Hoy en día, el bushcraft sigue teniendo un significado cultural, ya que fomenta la resistencia, la adaptabilidad, la autosuficiencia y un profundo amor por la naturaleza. Le ayuda a reconectar con sus raíces ancestrales mediante la comprensión de las habilidades elementales que equiparon a sus antepasados para sobrevivir en la naturaleza salvaje. Además, estas habilidades han cobrado protagonismo con el avance de la tecnología para ayudarle a desconectar del mundo moderno y abrazar un estilo de vida sencillo y sostenible. Aprender bushcraft no solo le dotará de la capacidad de sobrevivir en la naturaleza, sino que también le ayudará a crear una conexión más profunda con la naturaleza, aumentará la confianza en sí mismo y le proporcionará una sensación de empoderamiento.

¿Por qué debería aprender Bushcraft?

Aprender bushcraft tiene muchos beneficios. Aprender bushcraft es una experiencia gratificante que le dota de las habilidades necesarias para desenvolverse en las situaciones desafiantes de la naturaleza y le ayuda a reconectar con sus instintos primarios y sus capacidades innatas. He aquí una lista de razones por las que debería plantearse aprender bushcraft:

Aprenderá independencia

El bushcraft le enseña las habilidades necesarias para sobrevivir. Al aprender estas habilidades, aprenderá a cuidar de sí mismo, fomentando en usted un sentimiento de confianza y autosuficiencia. Aprender habilidades básicas para salvar vidas como encender un fuego, construir un refugio y conseguir agua potable y alimentos son formas maravillosas de autosuficiencia que le enseñarán a sobrevivir con los mínimos recursos si alguna vez se encuentra en una situación desafortunada.

Le enseña habilidades de pensamiento crítico y resolución de problemas

Las habilidades de Bushcraft le ayudan a desarrollar la capacidad de analizar situaciones, encontrar soluciones y adaptarse a nuevas circunstancias. Necesitará habilidades creativas de resolución de problemas y rapidez mental para sobrevivir en la naturaleza. Estas habilidades también son importantes para desenvolverse en otros aspectos de su vida, incluidos los proyectos escolares y los retos personales.

Crea conciencia medioambiental

El bushcraft y las habilidades al aire libre le conectan profundamente con la naturaleza. A medida que aprenda a desenvolverse en entornos naturales, será más consciente del medio ambiente y apreciará el mundo que le rodea. El uso de técnicas respetuosas con el medio ambiente alimentará su deseo de salvar el planeta.

Le hace más adaptable e ingenioso

Como sabe, en la naturaleza dispondrá de recursos limitados. Los niños que aprenden técnicas de "bushcraft" se vuelven más autosuficientes e ingeniosos a medida que sortean situaciones difíciles utilizando los recursos naturales de forma eficiente. Se vuelven más adaptables y creen que pueden encontrar una salida en todas las situaciones, incluidas las de su vida cotidiana.

Le pone en forma físicamente

Las habilidades de Bushcraft requieren mucho esfuerzo físico, lo que sin duda le hará más fuerte físicamente. Estas habilidades le permiten desarrollar un aprecio por las actividades al aire libre y volverse más activo físicamente.

Adquirirá habilidades de gestión de crisis

Puede salvar vidas en situaciones de emergencia con las habilidades de bushcraft. Las habilidades de gestión de crisis como la señalización de emergencia, la navegación y el aprendizaje de primeros auxilios le prepararán para situaciones inesperadas.

Aumenta su confianza y resistencia

Volverse autosuficiente aumentará su confianza en sí mismo. Estas habilidades esenciales para salvar vidas le hacen creer que puede superar la adversidad y los retos. Le hace más resistente y empieza a comprender que puede manejar las incertidumbres de la vida con entereza y persistencia.

Oportunidad de educar a otros

Una vez que se convierta en un profesional del bushcraft, y si le apasiona, también podrá enseñar estas habilidades esenciales a los demás. Comparta sus conocimientos sobre estas habilidades prácticas con sus amigos, familiares y otros niños de su escuela o del vecindario.

Recreación al aire libre

El Bushcraft es una forma excelente de mejorar sus experiencias de ocio. Hará que sus experiencias al aire libre, ya sean acampadas, excursiones con mochila o senderismo, sean significativamente más agradables y aventureras.

Se sentirá realizado cuando descubra que puede manejar el fuego con seguridad, cocinar comidas y asumir las responsabilidades que conlleva la supervivencia. Estas habilidades de supervivencia son útiles porque le hacen autosuficiente, humilde y amante de la naturaleza.

Respete la naturaleza y no deje rastro

Cuide el medio ambiente y déjelo como lo encontró. Puede disfrutar y beneficiarse de la naturaleza sin perturbar el ecosistema ni dejar huellas de su presencia. He aquí algunas formas de minimizar su impacto en el medio ambiente:

Minimice la contaminación

Tenga cuidado con los residuos que genera mientras se encuentra en entornos naturales. Asegúrese de recoger toda su basura y limite el uso de artículos desechables. Recoja lo que ensucie y deshágase cuidadosamente de la basura.

No cree nuevos senderos

Utilice los senderos ya establecidos para evitar la erosión del suelo y la alteración del hábitat. La creación de nuevos senderos también puede causar daños a los hábitats de la fauna y a la vegetación.

No moleste a la fauna

Si se encuentra con un animal salvaje, obsérvelo desde lejos e intente no molestarle ni darle de comer. Alimentar a estos animales salvajes puede alterar su dieta y sus comportamientos naturales y puede dar lugar a interacciones poco saludables entre animales y humanos.

Utilice medios de transporte sostenibles

Asegúrese de utilizar medios de transporte sostenibles para visitar estas zonas naturales. Puede utilizar la bicicleta, compartir el coche con sus amigos o utilizar el transporte público para reducir su huella de carbono.

Ahorre agua

Tenga especial cuidado con el uso del agua mientras explora la naturaleza. Ser consciente de su consumo de agua puede reducir el peligro de contaminación del agua por jabón, detergentes u otros contaminantes.

Edúquese

Aprender sobre la vida salvaje y las zonas naturales que visita le ayudará a comprender la fragilidad de su entorno. Puede llevarle a tomar mejores decisiones y a utilizar comportamientos cuidadosos mientras esté ahí fuera.

No perturbe los artefactos naturales y culturales

Deje los artefactos naturales o culturales tal y como los encontró. Esto incluye plantas, rocas y reliquias históricas. Evite remover estos artefactos y déjelos para que la siguiente persona los disfrute y los aprecie.

Inspire a otros

Puede compartir sus conocimientos e inspirar a otros a cuidar el medio ambiente y los artefactos naturales y culturales. Debe animar a los suyos a aprender y obedecer los principios esenciales del movimiento "No dejar rastro".

Debe respetar la naturaleza utilizando las técnicas mencionadas anteriormente para asegurarse de dejar un impacto medioambiental mínimo. Es importante cuidar el delicado equilibrio del ecosistema para garantizar que las generaciones futuras también puedan apreciarlo. Todo el mundo debería poner de su parte en la protección del medio ambiente.

Las actividades de Bushcraft profundizan su conexión con el mundo natural

La naturaleza es la mejor maestra. Aprender habilidades de bushcraft le permite conectar y desarrollar su relación con la naturaleza. Tiene un efecto curativo que aumenta la felicidad y el bienestar físico y emocional. Despierta su sentido de la paz. He aquí cómo la naturaleza tiene un impacto curativo en el ser humano:

Mejora su observación y conciencia

Su conciencia del entorno y su capacidad de observación aumentan con el bushcraft. Notará señales ambientales sutiles, como reconocer la vegetación comestible, rastrear la vida salvaje e identificar los cambios meteorológicos. El bushcraft mejorará su comprensión del mundo que le rodea y de su importancia en él.

Respeto por su entorno

Aprender bushcraft le ayuda a desarrollar un respeto más profundo por la naturaleza. Le capacita para confiar en los recursos naturales para satisfacer sus necesidades y desarrollar un sentido de responsabilidad y gratitud hacia el entorno que le proporciona estos recursos.

Atención y presencia

Los ejercicios de Bushcraft requieren que uno permanezca presente en el momento. Es importante practicar la atención plena para mantenerse seguro y prosperar en la naturaleza salvaje.

Conectar con el conocimiento tradicional

Muchas habilidades de bushcraft están profundamente arraigadas en los conocimientos indígenas transmitidos de generación en generación. Puede fortalecer su relación con el mundo natural y conectar con la sabiduría de sus antepasados practicando estas habilidades.

Importancia de la seguridad y el comportamiento responsable al aire libre

Debe ser responsable durante sus aventuras al aire libre. Sus acciones repercuten en usted mismo, en los demás y en el medio ambiente. He aquí algunas formas de mantenerse seguro y disfrutar al aire libre.

Prevención de lesiones y bienestar

Debe seguir las directrices de seguridad mientras aprende bushcraft u otras actividades al aire libre, como acampadas, senderismo y deportes acuáticos. Comportarse de forma responsable le ayudará a mantenerse seguro mientras se divierte. Manténgase hidratado y lleve ropa y equipo adecuados para mantener una buena salud.

Conservación del medio ambiente

Debe proteger el medio ambiente a toda costa y abstenerse de tirar basura, cometer actos vandálicos y tener un comportamiento imprudente, ya que puede provocar incendios incontrolados y dañar los ecosistemas y los hábitats naturales.

Consideraciones éticas

Respete a las personas que le rodean y adopte un comportamiento que no arruine la experiencia de los demás. Permita que otras personas conecten con la naturaleza sin distracciones. También debe tener en cuenta los lugares culturales e históricos y tratarlos con respeto.

Responsabilidad comunitaria y social

Prepárese para las emergencias y asegúrese de cumplir siempre los protocolos de seguridad. Además, haga todo lo posible por seguir la etiqueta de los senderos y evite masificar un lugar.

Cómo planificar la primera aventura Bushcraft

¿Quiere saber cómo planificar su primera aventura de bushcraft? Debe priorizar la comodidad, la seguridad y el disfrute. He aquí algunos consejos para planificar su aventura de bushcraft:

Elija un lugar seguro

Elija un lugar seguro, de fácil acceso y con un terreno manejable.

Compruebe la previsión meteorológica

Antes de salir a la aventura, empaquete ropa y equipo adecuado para hacer frente a condiciones meteorológicas inesperadas. Prepárese también para la lluvia.

Equipo apropiado

Necesita un saco de dormir, una mochila y ropa de su talla que le quede cómoda.

Refugio sencillo

Asegúrese de tener un refugio sencillo y estable que sea fácil de montar y que le proteja de otros elementos ambientales.

Comida y agua

Planifique sus comidas y tentempiés y asegúrese de que tiene todo lo necesario para preparar la comida que necesita. Asegúrese también de tener acceso a agua limpia.

Supervisión

Es aconsejable ir acompañado de un adulto responsable y con experiencia.

Habilidades básicas

Aprenda habilidades básicas de bushcraft apropiadas para su edad, como identificar plantas comestibles, encender hogueras y utilizar herramientas de navegación como la brújula.

Actividades divertidas

Participe en actividades divertidas como búsquedas del tesoro, cuentacuentos, deportes acuáticos, observación de las estrellas, etc., para mejorar su experiencia al aire libre.

Artículos de confort

Empaque su mantita, juguete o almohada favorita para sentirse mejor en la naturaleza.

Botiquín de primeros auxilios

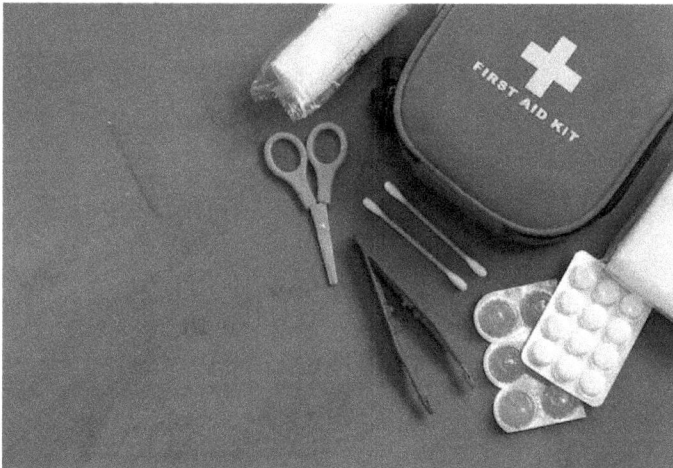

Asegúrese de tener acceso a un botiquín de primeros auxilios para hacer frente a lesiones o enfermedades'

Asegúrese de tener acceso a un botiquín de primeros auxilios para hacer frente a lesiones o enfermedades.

En esta sección, ha aprendido los fundamentos de la "bushcraft". Recuerde que mientras aprende estas habilidades esenciales para la supervivencia, debe cuidarse y estar preparado para las emergencias. Puede divertirse al máximo siendo responsable y adoptando comportamientos seguros mientras cuida del medio ambiente.

Sección 2: Equipo de Bushcraft

Llevar un equipo de bushcraft con usted en una aventura al aire libre es esencial por varias razones. En primer lugar, es una cuestión de supervivencia y seguridad. Un kit de bushcraft bien equipado contiene herramientas y equipos cruciales para mantenerle a salvo y seguro en la naturaleza. Ya sean herramientas de corte para diversas tareas, equipo para encender fuego para proporcionar calor y cocinar alimentos, o materiales para construir un refugio, estos artículos tienen un valor incalculable en situaciones difíciles.

Además, usted se vuelve más autosuficiente al aire libre, reduciendo su dependencia de la ayuda externa. Este nivel de preparación es necesario para las emergencias, en las que su kit puede significar la diferencia entre la comodidad y la dificultad. Más allá de la supervivencia, un kit de bushcraft le permite maximizar el uso de los recursos naturales. Con las herramientas y los conocimientos adecuados, puede adaptarse a su entorno, encontrando refugio, fuego y soluciones de sustento.

Asimismo, puede cocinar comidas calientes, mantenerse caliente y crear un lugar seguro para dormir, lo que es vital para los viajes prolongados. Tiene el doble propósito de proporcionar seguridad y contiene las herramientas necesarias para las exploraciones al aire libre.

En este capítulo, aprenderá sobre los componentes del equipo de bushcraft, incluidas las herramientas y el equipo necesarios para que sus aventuras al aire libre sean pan comido.

Refugio y sueño

Los refugios son un hogar improvisado al aire libre que se puede construir cuando se desea permanecer en un lugar para seguir explorando[9]

Los refugios son un hogar improvisado al aire libre que se puede construir cuando se desea permanecer en un lugar para seguir explorando. Los sacos de dormir, las tiendas de campaña y las lonas son algunos de los artículos estándar que se utilizan como refugio en la naturaleza. Le mantienen abrigado y seco cuando llueve y le protegen de los bichos o insectos errantes que podrían hacerle daño mientras duerme.

Tipos de refugios: Aunque existen refugios de diferentes formas y tamaños, las tiendas de campaña son las más factibles para una aventura familiar. Se trata de casas portátiles preparadas para que las utilice más de una persona. Las lonas también son populares, ya que estas mantas impermeables son compactas de transportar y pueden montarse al instante. También tiene la opción de un saco de vivac, que es un saco de dormir para el cuerpo. Estos sacos de dormir también son impermeables y están aislados para mantenerle seco y caliente. El tipo de refugio que elija dependerá de los días que vaya a vivir al aire libre, del número de personas que vayan y de las condiciones meteorológicas.

Cómo montar su refugio: No es difícil montar un refugio siempre que conozca los pasos adecuados a ejecutar.

1. Encuentre un lugar llano y despejado si va a montar una tienda de campaña.
2. Extienda la tienda y haga una huella como referencia.
3. Monte los postes de la tienda y colóquelos sobre la huella que hizo antes.
4. Fije el cuerpo de la tienda a la estructura de postes, y ya está todo hecho.

Aunque no le resultará difícil montar sacos de dormir o lonas, las tiendas de campaña pueden tener varias formas, y su procedimiento de montaje también puede variar. Si tiene problemas para montar la tienda, revise las instrucciones del manual de usuario de la tienda para comprenderlo mejor. Al igual que montó la tienda, puede desmontarla invirtiendo el orden de las instrucciones. Cuando haya terminado su viaje, compruebe que la tienda no esté dañada, límpiela y guárdela adecuadamente para poder utilizarla en su próxima aventura al aire libre.

Artículos esenciales para dormir

Su equipo de bushcraft debe contener artículos esenciales para dormir, como sacos de dormir, esterillas y mantas, para que se sienta más cómodo y protegido de las inclemencias del tiempo'

Además de los elementos esenciales para el refugio, su equipo de bushcraft debe contener elementos esenciales para dormir, como sacos de dormir, esterillas y mantas, que le mantendrán cómodo y protegido de las inclemencias del tiempo. Aunque hay varios artículos esenciales para dormir, lo mejor es elegir edredones y mantas aptos para viajar e incluso empacar hamacas cuando explore la naturaleza en verano.

Herramientas de corte

Los cuchillos son sus herramientas de confianza para cortar cosas durante sus aventuras de acampada. Siempre resultan útiles, desde hacer palitos de malvavisco hasta abrir paquetes enlatados. Asimismo, las hachas y sierras de acampada son excelentes para cortar leña y hacer hogueras. Sin embargo, debe utilizar estas herramientas con extrema precaución y bajo la supervisión de un miembro de la familia para garantizar la seguridad. Después de cada salida al aire libre, mantenga sus herramientas de corte limpias y afiladas, y guárdelas en perfecto estado para la próxima salida.

Un cuchillo bushcraft es fácil de manejar y utilizar para muchas tareas[4]

Un cuchillo bushcraft no es el cuchillo doméstico habitual que se utiliza para cortar fruta en la cocina; está hecho de un material de hoja resistente y se presenta en muchas formas. Puede comprar un cuchillo bushcraft según su preferencia de tamaño y el diseño del mango. El cuchillo adecuado debe caber cómodamente en su mano, ser duradero y adaptarse a las tareas que vaya a realizar, como cortar, trinchar u otras necesidades al aire libre.

Equipo para hacer fuego

Estas herramientas se utilizan principalmente para crear cálidas hogueras, cocinar alimentos o incluso para hacer señales de socorro si necesita ayuda durante las escapadas. Hay una gran variedad de herramientas y materiales para encender fuego entre los que elegir. Éstos son algunos de los más comunes que puede añadir a su equipo de bushcraft.

Eslabón y pedernal: Antiguamente, el pedernal y el acero se golpeaban juntos para producir chispas y encender la yesca seca. Hoy en día, un eslabón moderno viene con una varilla de acero para generar chispas, lo que facilita el encendido del fuego. El eslabón también es mucho más fiable cuando se utiliza en condiciones climáticas extremas.

El eslabón y el pedernal hacen que encender un fuego sea superfácil[6]

Varillas de ferrocerio: Las varillas de ferrocerio, chispas calientes cuando se raspan con un objeto duro, como el lomo de un cuchillo. Son muy duraderas y funcionan en condiciones húmedas, lo que las convierte en una herramienta fiable para encender yesca seca en la naturaleza.

Cerillas y encendedores impermeables: Las cerillas impermeables tienen cabezas tratadas que resisten al agua y se encienden incluso cuando están húmedas, mientras que los encendedores producen una llama cuando se encienden. Son excelentes herramientas de reserva para encender fuego durante acampadas o emergencias. Sin embargo, debe mantener los encendedores secos para un uso fiable.

Yesca y combustible: La yesca y el combustible son los ingredientes únicos para la magia de su hoguera. Hacen que la madera prenda fuego rápidamente, como añadir palos y papel para que ardan con fuerza.

Recipientes e hidratación

Contenedores de agua: Tanto si quiere agua con electrolitos sobre la marcha como si prefiere beber agua sola, necesitará recipientes y botellas de agua. Le garantizan que se mantendrá hidratado al retener el agua para que tenga suficiente para beber durante las aventuras al aire libre.

Los contenedores de agua son importantes para mantenerse hidratado[7]

Herramientas de purificación del agua: Puede añadir artilugios portátiles de purificación de agua al kit de bushcraft para asegurarse de que el agua que bebe está limpia y es segura. Las pastillas potabilizadoras, los filtros de agua para mochileros y los filtros de sedimentos portátiles pueden utilizarse para purificar el agua. Puede elegir un método viable en función de la aventura que esté planeando. A pesar de todos estos métodos, todavía puede optar por el método de la vieja escuela de hervir el agua antes de beberla si no lleva ningún artilugio o herramienta de purificación de agua.

Navegación y señalización

Las herramientas de navegación son sus guías en la naturaleza'

Herramientas de navegación: Las herramientas de navegación son sus guías en la naturaleza salvaje. Incluyen mapas y brújulas que le ayudan a encontrar el camino cuando sale a explorar para no perderse.

Señalización y comunicación: Las herramientas de señalización y comunicación son su forma de enviar mensajes secretos a sus amigos o pedir ayuda si la necesita. Son como sus *walkie-talkies* de aventura y hacen señales para pedir ayuda cuando se encuentra en emocionantes aventuras.

Primeros auxilios y seguridad

Botiquines de primeros auxilios: Los botiquines de primeros auxilios son sus kits de superhéroe para cuando se haga un pequeño daño. Contienen tiritas, medicamentos y otras cosas que le ayudarán a sentirse mejor si se hace una pequeña herida durante la diversión al aire libre. Pueden incluir cremas para las picaduras de insectos.

Equipo de seguridad: El equipo de seguridad es como su traje de superhéroe aventurero. Incluye linternas frontales para iluminar su camino, spray para osos para mantener alejados a los animales y herramientas geniales para mantenerle seguro y hacer que sus experiencias al aire libre sean increíbles.

El equipo de seguridad, como una linterna frontal, le facilita caminar por el campamento de noche'

Mochilas

Elegir la mochila adecuada: Elegir la mochila adecuada es como elegir la mochila del tamaño adecuado para el colegio. Es importante porque debe albergar cómodamente todo su equipo. Tenga en cuenta factores como el tamaño, la capacidad y las características en función de la duración y el tipo de viaje que vaya a realizar.

Cómo empaquetar su mochila de forma eficiente: Piense en empacar su mochila como si estuviera organizando su mochila escolar. Embalar de forma eficiente implica colocar los objetos más pesados más cerca de la espalda para que la carga esté bien equilibrada, utilizar los compartimentos de forma inteligente y mantener el equipo esencial fácilmente accesible. Esto garantiza una carga cómoda y bien equilibrada.

Ajustar y adaptar su mochila: Ajustar y adaptar su mochila es como llevar la mochila del colegio con las correas y los ajustes adecuados para que resulte cómoda. Las correas, los cinturones de cadera y las correas de los hombros deben ajustarse a su cuerpo para que la carga esté cómoda y bien distribuida, evitando molestias durante su viaje al aire libre.

Asegúrese de adquirir la mochila adecuada que sea fácil de llevar y en la que quepa todo lo que necesita[10]

Prendas esenciales

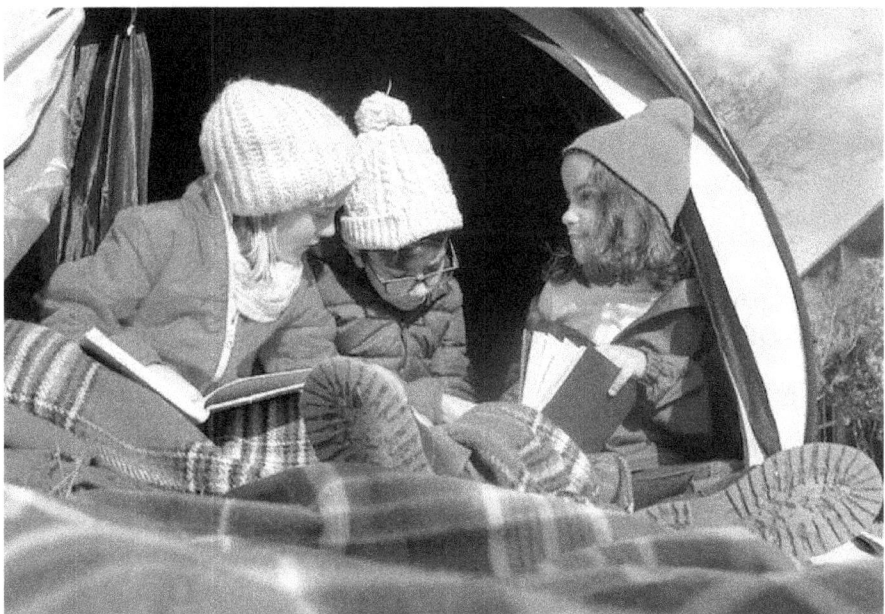

Vístase adecuadamente para la aventura cuando se encuentre en la naturaleza[11]

Vístase adecuadamente para la aventura cuando se encuentre en la naturaleza. Debe tener en cuenta tres capas:

Capas base: Son pijamas acogedores para la vida al aire libre. Estas prendas son las más cercanas a su piel, diseñadas para mantenerle caliente y seco al evacuar el sudor. Actúan como aislantes en climas fríos, atrapando el calor cerca de su cuerpo. El algodón es una elección acertada.

Capas intermedias: Las capas intermedias son como su ropa habitual para el aire libre. Proporcionan aislamiento para mantenerle caliente pero también son transpirables, evitando que sude demasiado. Son capas adicionales para mantenerse abrigado.

Capas exteriores: Considere las capas exteriores como su capa de superhéroe. Le protegen de los elementos, como la lluvia, el viento y la nieve. Estas capas le mantienen seco y le protegen de las inclemencias del tiempo, asegurando que se mantenga cómodo en condiciones duras.

Gorros y guantes: Los gorros y los guantes son su armadura secreta, que le mantienen caliente y protegido contra el frío. Los gorros mantienen caliente su cabeza, y los guantes protegen sus manos. Son esenciales para su comodidad y evitan las congelaciones cuando hace frío.

Calzado

Botas de montaña vs. calzado de sendero: Las botas de montaña son los vehículos todoterreno más resistentes del calzado. Proporcionan una fuerte sujeción del tobillo y protección contra los senderos abruptos y las cargas pesadas. Las zapatillas de sendero o trail, sin embargo, son como zapatillas deportivas para el aire libre. Son más ligeras y flexibles, adecuadas para caminatas menos exigentes y movimientos más rápidos. Su elección dependerá del tipo de terreno y del peso que vaya a llevar.

Calcetines y polainas: Piense en los calcetines como en un acogedor acolchado para sus pies, mientras que las polainas son como protectores para las piernas. Los calcetines de buena calidad proporcionan comodidad y ayudan a prevenir las ampollas. Por el contrario, las polainas protegen sus piernas y botas de la suciedad, las piedras y la humedad, especialmente en condiciones escarpadas o húmedas.

Cuidado de los pies en la naturaleza: El cuidado de los pies es como cuidar de sus zapatos favoritos. Mantenga unos pies sanos controlando las ampollas, manteniendo los pies secos y eligiendo el calzado adecuado para disfrutar de una aventura al aire libre sin dolor.

Diez artículos esenciales para el equipo de Bushcraft

Estos artículos son cruciales para la seguridad y la supervivencia al aire libre. Cada artículo tiene un propósito específico para prepararle para diversas situaciones. He aquí los diez artículos esenciales y su importancia.

1. Navegación

Mapa: Un mapa topográfico detallado y actualizado de la zona que va a explorar.

Brújula: Una brújula fiable para la navegación, especialmente en zonas sin senderos claros ni señalización.

Necesita un mapa y una brújula para navegar[12]

2. Aislante

Ropa extra: Capas que le ayuden a mantenerse caliente y seco, incluyendo un gorro y guantes.

3. Iluminación

Faro/linterna: Proporciona luz en condiciones de poca iluminación o en caso de emergencia.

4. Suministros de primeros auxilios

Botiquín de primeros auxilios: Trata lesiones y emergencias médicas en el campo.

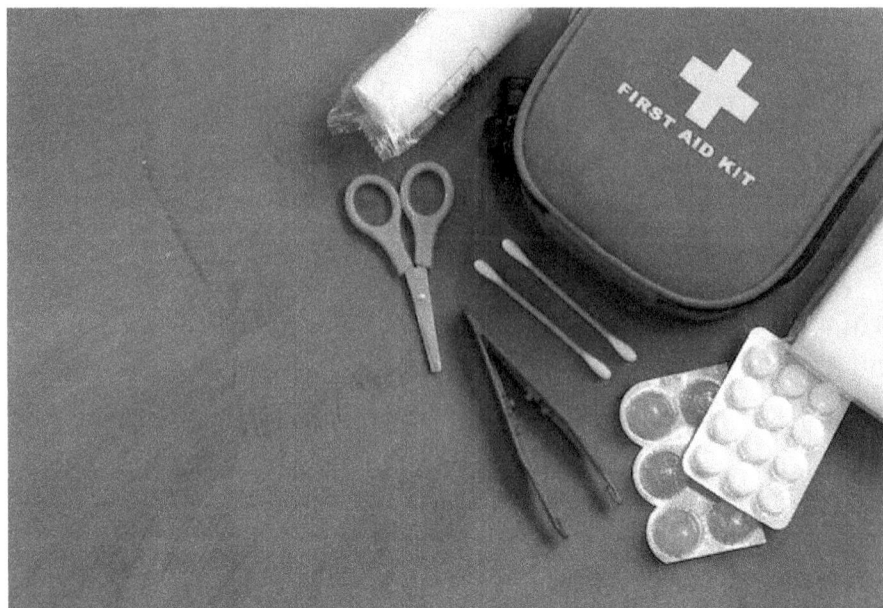

5. Encendedor

Cerillas impermeables o encendedor: Fundamental para encender fuego en situaciones de emergencia, para calentarse, cocinar y hacer señales.

6. Herramientas y kits de reparación

Multiherramientas y kits de reparación: Útiles para reparar el equipo y otras tareas que puedan surgir durante su viaje.

7. Alimentación

Comida extra: Aperitivos no perecederos y de alto valor energético que puedan sostenerle si su viaje se prolonga más de lo previsto.

8. Hidratación

Agua y filtración/purificación: Necesita tener acceso a agua potable limpia y evitar las enfermedades transmitidas por el agua utilizando métodos de purificación del agua.

9. Refugio de emergencia

Manta o lona de emergencia: Proporciona refugio y protección contra los elementos en situaciones inesperadas.

Una lona es útil si empieza a llover o si necesita descansar[14]

10. Protección solar

Protector solar, gafas de sol y un sombrero: Protéjase de las quemaduras solares y de la exposición a los rayos UV, especialmente en entornos de gran altitud o cubiertos de nieve.

Los diez elementos esenciales están diseñados para ayudarle a navegar, sobrevivir y mantenerse a salvo en la naturaleza. Recuerde personalizar su equipo en función de las condiciones y la ubicación específicas de su aventura al aire libre.

Equipo opcional para mayor comodidad y conveniencia

Si su viaje es corto y no va a explorar mucho, considere estos artículos para su comodidad:

- Silla de campamento
- Multiherramienta
- Cargador solar
- Repelente de insectos
- Almohada de campamento

- Utensilios de cocina
- Hornillo de campamento
- Calentador de agua portátil
- Ducha de campamento
- Cafetera portátil

Equipo de Bushcraft para temporadas específicas

Como ya se ha explicado, debe tener en cuenta varios factores a la hora de preparar su equipo. Además de sus necesidades personales, los factores que más influyen son el clima y el terreno. Aquí tiene algunos ejemplos de equipo de bushcraft para distintas estaciones, para que sepa qué artículos debe meter en la maleta. Recuerde que los artículos esenciales enumerados anteriormente ya están incluidos en el equipo, pero no se mencionan aquí.

Lista de equipo para bosques (primavera/verano)

- Ropa adicional ligera y con capas transpirables
- Repelente de insectos
- Sierra plegable o hacha pequeña (para trabajar la madera)
- Red para insectos

Lista de equipo para desiertos (otoño/invierno)

- Ropa que proteja del sol y capas para las noches frías
- Sombrero de ala ancha
- Protector solar extra y bálsamo labial
- Pañuelo o kufiya (para protegerse la cara del sol y el polvo)

Lista de equipo para montaña (invierno)

Conozca los retos y las condiciones específicas del entorno y de la estación en la que se va a aventurar[15]

- Capas aislantes e impermeables
- Crampones y piolet (para condiciones de nieve o hielo)
- Gafas para la nieve
- Equipo de seguridad contra avalanchas (si se encuentra en zonas propensas a las avalanchas)
- Raquetas de nieve (para nieve profunda)

Conozca los retos y las condiciones específicas del entorno y de la estación en la que se va a aventurar. Personalice su lista de equipo en consecuencia y asegúrese de que dispone de las habilidades y conocimientos necesarios para utilizar cada artículo de forma eficaz en esas condiciones. Además, informe siempre a alguien de sus planes de viaje y de la hora prevista de regreso cuando se dirija a entornos más remotos o desafiantes.

Sección 3: Cordaje y nudos

Piense en construir un refugio en el bosque. Utilizará muchos materiales como ramas y hojas. Ahora, imagine que necesita pescar algo. Puede que necesite una red. Si no tiene mochila, ate sus pertenencias para transportarlas con más facilidad. Al agacharse y esquivar árboles o arbustos, parte de su ropa puede rasgarse, lo que tendrá que reparar, sobre todo si pasa largos periodos en la naturaleza. Desde su refugio hasta sus herramientas y sus trampas para animales, el cordaje es útil para muchas de sus necesidades de bushcraft. Por lo tanto, debe ser hábil en el uso y el atado de nudos de forma que pueda ayudarle con una amplia gama de problemas que surgen en la naturaleza.

Cordaje es una palabra elegante para cuerda o cordel[16]

Cordaje es una palabra elegante para cuerda o cordel. Nombrar todos los usos del cordaje en la naturaleza es casi imposible porque, con la cuerda, solo le limita su imaginación. Sin embargo, resulta útil conocer algunos aspectos básicos cuando se está empezando. Llevar un papel de cordaje en el bolsillo puede resultarle útil en múltiples situaciones en las que normalmente no pensaría. Eche un vistazo por su casa y vea todos los lugares en los que se utilizan cuerdas, cordeles y cordajes. Ningún kit de supervivencia está completo sin ellos. Entonces, ¿qué ocurre si se olvida de llevar cuerda en un viaje al monte? Los verdaderos supervivientes utilizan el entorno a su favor. La cuerda en la naturaleza es abundante, con fuentes tanto vegetales como animales. La naturaleza le proporciona todo lo que necesita. Esta sección le enseñará cómo utilizar el cordaje de diferentes formas y cómo identificar los materiales de cordaje en la naturaleza salvaje.

El cordaje y sus múltiples formas

El cordaje puede adoptar muchas formas, incluyendo materiales naturales y sintéticos. Su cordaje puede ser una cuerda o sedal bien empaquetado que haya traído consigo al viaje o algo que haya fabricado a partir de otros objetos que lleve encima, dependiendo de lo innovador y creativo que sea. Históricamente, el cordaje fue uno de los primeros saltos tecnológicos significativos de los pueblos de la Edad de Piedra. La invención del cordaje en diferentes formas ayudó a los cazadores-recolectores a viajar con mayor facilidad, cazar con más eficacia y, más adelante, a construir sistemas para regar los cultivos y construir embarcaciones para navegar. El uso del cordaje solo está limitado por su pericia y su imaginación. Por lo tanto, comprender los fundamentos del uso del cordaje podría transformar su forma de pensar sobre la supervivencia al descubrir constantemente nuevas formas de utilizarlo.

Fuentes naturales de material para cordaje

El propósito del bushcraft es saber cómo sobrevivir en la naturaleza salvaje con un acceso limitado a los recursos. Tanto si se ve abocado a la fuerza a una situación de supervivencia como si pierde la cuerda en una acampada, saber cómo fabricar cordaje a partir de material natural es una habilidad especializada que puede salvarle la vida. Para el ojo entrenado y las manos hábiles, la naturaleza es un almacén general. Para que los materiales vegetales o animales sean adecuados para la cordelería, deben cumplir algunas condiciones; a saber, deben ser fuertes, flexibles y fáciles de atar. No todos los organismos del bosque cumplen estos criterios, y la zona geográfica en la que se encuentre también tiene sus condiciones únicas que afectarán al cordaje que pueda aprovechar. Por lo tanto, necesita conocer algunos principios básicos. Dominar el monte consiste en saber qué buscar y cómo convertirlo en exactamente lo que necesita.

Fibras vegetales

Muchas plantas pueden utilizarse para cordaje siempre que sus fibras sean fuertes y flexibles. En primer lugar, debe estar seguro de que una planta o un árbol no son tóxicos cuando los manipula. Por eso, cualquier superviviente debe informarse sobre las distintas especies de plantas de las zonas que explora. Una de las formas más fáciles de obtener cordaje de las plantas es encontrar un árbol con un poco de corteza seca que pueda arrancar fácilmente. Debajo de la corteza, encontrará una capa de cambium fibroso, el material blando y fibroso de la superficie del árbol, y la parte posterior de la corteza. Notará que el cambium fibroso forma hilos cuando arranque la corteza seca. También tiene la opción de arrancar la corteza húmeda y dejarla secar al sol. Tenga en cuenta que puede dañar los árboles y matarlos, así que asegúrese de no cortar demasiado profundamente en el tronco. Algunas hojas también son adecuadas para cordelería. La clave está en encontrar materiales largos y fibrosos que pueda manipular, doblar y atar.

Tendones de animales

A diferencia del cordaje vegetal, que puede utilizarse prácticamente de inmediato, el tendón animal requiere cierto procesamiento. La cultura tradicional utilizaba animales de caza mayor como el alce o el ciervo de los que extraer el tendón. Los largos tendones de las patas de estas bestias gigantes son la mejor parte para utilizar como cordaje.

Primero tendrá que cortar con cuidado los tendones de las patas con un cuchillo afilado. Lo mejor es que alguien experto y con conocimientos le ayude con esto.

A continuación, deberá limpiar todo el exceso de carne y grasa. Una vez limpios los tendones, deberá secarlos durante unos días. Una vez que haya eliminado toda la humedad del tendón, golpéelo con un martillo hasta que se alise. Este golpeteo aumenta la resistencia y la flexibilidad del tendón. Por último, deberá retorcer las hebras de tendón y estirarlas para que sean útiles para aplicaciones en la naturaleza.

Opciones de cordaje comercial

La mayoría de las veces, no se encontrará en el monte debido a un desafortunado accidente o acontecimiento de supervivencia. Por lo tanto, podrá llevar encima el cordaje de su elección. A la hora de elegir qué tipos de cordaje o cuerdas va a utilizar, debe tener en cuenta lo adaptables que son en diversas situaciones, lo pesadas que son porque las llevará encima y lo fuerte y flexible que es la cuerda. Las opciones de cordaje preferidas con más frecuencia para el bushcraft son el nailon y la cuerda paracord. Los científicos siempre están desarrollando materiales resistentes y ligeros, por lo que siempre hay nuevas variedades de cordaje para el aire libre que puede probar en las tiendas especializadas en acampada. Cada uno de estos materiales tiene sus ventajas y desventajas, por lo que debe averiguar qué es lo que mejor se adapta a sus objetivos.

Cuerda Paracord

La cuerda paracord es un tipo de cuerda *kernmantle*, lo que significa que tiene un interior envuelto en tejido[17]

La cuerda paracord es un tipo de cuerda kernmantle, lo que significa que tiene un interior envuelto en telas tejidas. Al igual que el nailon, el paracord es resistente y mantiene bastante bien su forma con el paso del tiempo. Una de las ventajas de la cuerda paracord es que no retiene la humedad como el nailon, por lo que no desarrollará moho ni hongos en ambientes húmedos. La cuerda paracord es relativamente barato en comparación con otros materiales de cuerda con una resistencia similar. El inconveniente de utilizar cuerda paracord es que puede enredarse, lo que supone un problema para alguien con poco espacio en una mochila en la naturaleza y que viaja constantemente. Además, el paracord suele venir en tramos largos, lo que podría dificultar aún más su almacenamiento.

Nailon

La cuerda de nailon es la cuerda sintética más resistente del mercado[18]

La cuerda de nailon es la cuerda sintética más resistente del mercado, y su flexibilidad hace que la cuerda absorba los golpes, lo que significa que si algo estuviera atado a la cuerda y esta se cayera, se reducen las posibilidades de que sufra daños. El nailon vuelve a su tamaño original después de haber sido estirado y no se rompe con facilidad. Además, su durabilidad y flexibilidad permiten utilizarla en muchas situaciones difíciles con las que puede encontrarse al aire libre. Los contras de utilizar cuerda de nailon son que absorbe mucha agua, lo que debilita la cuerda y encoge el material cuando se moja, por lo que probablemente no sea ideal para entornos húmedos como los bosques.

Nudos fundamentales

Tener algunos conocimientos sobre nudos que pueda recordar rápidamente le convertirá en una estrella brillante en el monte. Se sorprenderá de la frecuencia con la que se verá obligado a atar objetos en la naturaleza. Su eficacia en el bosque aumenta considerablemente cuando sabe utilizar su cordaje correctamente. Hacer nudos a mano alzada puede ser peligrosamente ineficaz y tener resultados desastrosos. Por lo tanto, debe estar instruido sobre cómo utilizar bien su cuerda, cordel y cualquier otro tipo de cordaje.

Nudo cuadrado

El nudo cuadrado se utiliza para atar una cuerda a un objeto. En un escenario de naturaleza salvaje, un nudo cuadrado puede amarrar bultos, haciendo que objetos como ramas sean más fáciles de transportar. En algunos casos, los nudos cuadrados se atan alrededor de heridas abiertas para detener hemorragias. Por lo tanto, este asombroso nudo puede utilizarse de numerosas maneras.

1. Para hacer un nudo cuadrado, comience pasando un extremo de una cuerda o cordel sobre otro.
2. A continuación, tome el mismo extremo y páselo por debajo del otro extremo de la cuerda.
3. Repita el movimiento de cruce que hizo con las dos secciones restantes de cuerda.
4. Tire de ambos extremos para apretar el nudo. Puede repetir el proceso, haciendo varios nudos uno encima de otro para mayor seguridad.

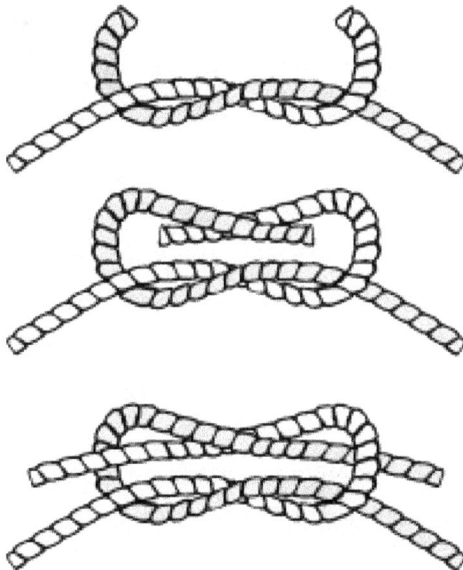

El nudo cuadrado se utiliza para atar una cuerda a un objeto[19]

Este es uno de los nudos más básicos para atar, y muchas personas lo aprendieron cuando empezaron a atarse los cordones de los zapatos.

Cuerda de bolina

El nudo de bolina se utiliza para asegurar una cuerda a un objeto en pie, como un árbol o un poste. En el monte, este nudo puede atar un refugio o las pertenencias que no quiera perder.

1. Para el primer paso de atar una bolina, debe crear un bucle en su cordaje.

2. A continuación, agarre el extremo de la cuerda y páselo por debajo del lazo antes de tirar de él a través del centro del agujero que ha creado.

3. Ahora, enrolle el extremo de la cuerda que ha pasado por el lazo alrededor de la sección parada del cordaje.

4. A continuación, vuelva a pasar la cuerda por el bucle que ha creado y tire para tensarla.

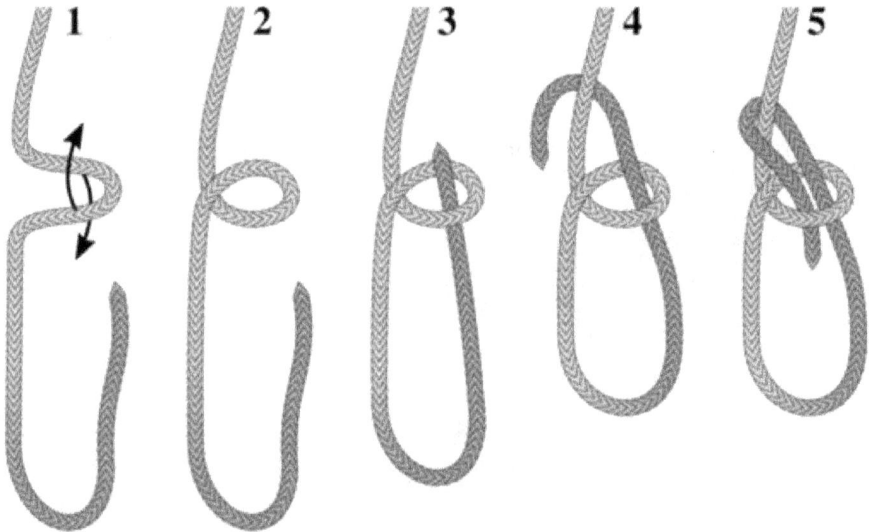

El nudo de bolina se utiliza para asegurar una cuerda a un objeto en pie, como un árbol o un poste[20]

Nudo de línea tensa

El nudo de enganche de línea tensa es un nudo corredizo muy útil para asegurar o transportar objetos. La belleza de este nudo es que se aprieta bajo carga y se puede deslizar fácilmente para soltarlo, lo que lo hace adaptable a múltiples aplicaciones.

1. Empiece enrollando una cuerda alrededor del objeto, como el asa de un cubo o un poste.

2. Coja el extremo de la cuerda y haga otro bucle alrededor de la línea de sujeción. El bucle debe hacerse trabajando hacia el poste alrededor del cual está su cuerda.

3. Ahora, haga otro lazo alrededor de la línea estacionaria por fuera del lazo que había hecho anteriormente.

4. Después de apretar el nudo, podrá hacer el bucle en el extremo de la cuerda más grande o más pequeño deslizando el nudo hacia delante y hacia atrás.

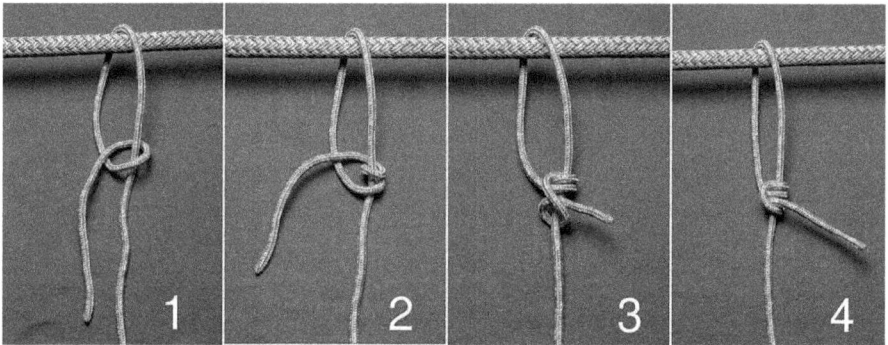

El nudo de enganche de línea tensa es un nudo corredizo muy útil para asegurar o transportar objetos[ii]

Nudo de clavo

Los nudos de enganche de clavo se utilizan para asegurar una cuerda a un poste horizontal, un palo o una rama. Este nudo es estupendo para suspender objetos de valor como ollas o comida fuera del alcance de diversos animales en el bosque. El nudo también se ha utilizado para la escalada y la navegación. Sin embargo, tenga en cuenta que un nudo de clavo puede aflojarse cuando se enfrenta a una tensión suficiente, por lo que es mejor utilizarlo en combinación con otros nudos.

- Enrolle su cuerda alrededor de un poste o palo horizontal para hacer un nudo de clavo.

- A continuación, cruce el extremo de su cuerda sobre la sección ya enrollada alrededor del palo.

- A continuación, pase el extremo de la cuerda por debajo del segundo bucle que ha hecho y tire para tensarlo.

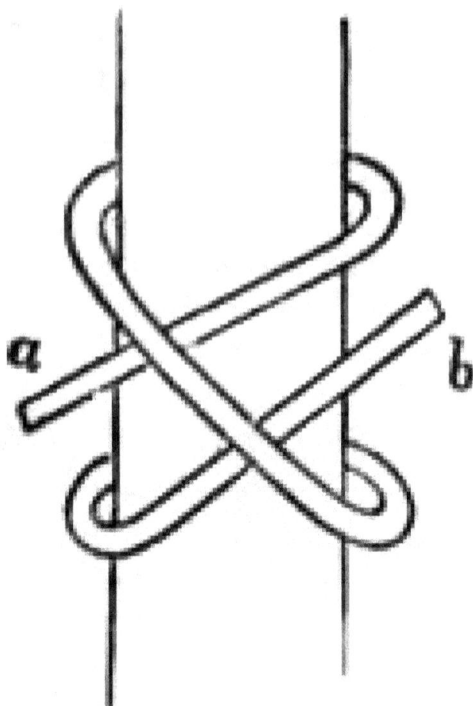

Los nudos de trinquete se utilizan para asegurar una cuerda a un poste horizontal, un palo o una rama[22]

Elegir el nudo adecuado

El nudo que elija dependerá de lo que intente conseguir atando su cuerda de cordel. Pregúntese si necesita un nudo de cuerda que soporte mucho peso o un nudo ajustable. Otras preguntas que puede hacerse son: ¿le bastará con un nudo sencillo o necesita un nudo que pueda aflojarse fácilmente? Analizando sus objetivos y explorando después los nudos que ha aprendido, podrá hacer coincidir el nudo exacto que necesita con la tarea que desea completar.

Consejos, trucos y errores comunes

Algunos errores comunes al utilizar cordaje son no comprobar dos veces sus nudos y utilizar el tipo de cuerda equivocado. Diferentes tipos de cuerda son inadecuados para determinadas condiciones, y algunos nudos son incompatibles con algunos materiales. Por lo tanto, asegúrese de que utiliza el material adecuado emparejado con los nudos correctos mientras comprueba cuidadosamente dos o incluso tres veces sus nudos para evitar accidentes. El mayor consejo que se puede dar con respecto al cordaje es asegurarse de que es duradero y flexible a la vez para que se pueda utilizar para múltiples aplicaciones en la naturaleza. Pregunte en una tienda de artículos de acampada, ya que a menudo su personal sabe muy bien qué cuerdas utilizar.

Sección 4: Refugios Bushcraft

Sus necesidades más básicas son comida, aire, agua, ropa y refugio. Si alguna vez se encuentra en una situación de supervivencia en la naturaleza, el refugio es una de las primeras necesidades de las que debe ocuparse. Construir un refugio eficaz debe ser lo primero en su lista de prioridades. En algunas circunstancias, puede pensar que encender un fuego debe ser su primera prioridad. Sin embargo, en algunas emergencias, lo primero que debe hacer es construir un refugio. La mayoría de la gente se lleva una tienda de campaña cuando sale a la naturaleza para recrearse. Sin embargo, para ser un hábil superviviente, no puede confiar en refugios comprados en tiendas porque nunca se sabe cuándo no tendrá acceso a uno.

Tiene que tener un refugio adecuado cuando esté al aire libre[38]

Diferentes entornos necesitan diferentes refugios. Para ser adaptable en todas las situaciones, tiene que ser consciente de las múltiples técnicas de construcción y de los muchos tipos de opciones de estructuras que tiene. Cada ecosistema tiene una personalidad única que responde a las acciones que usted emprende. No puede hacer lo mismo en la selva tropical que en la nieve de Siberia. Utilizar lo que está disponible es la clave de la supervivencia. Por lo tanto, debe aprender a ver el mundo que le rodea como una ferretería "natural" que puede utilizar para encontrar materias primas. Ajustando su forma de pensar sobre la naturaleza, descubrirá que todo lo que necesita está al alcance de su mano.

Por qué es importante el refugio

Hay muchas razones por las que el refugio suele ser lo primero de la lista que hay que solucionar para sobrevivir. En primer lugar, necesita protegerse de los elementos, el sol, la lluvia y el viento. En segundo lugar, especialmente por la noche, debe encontrar una forma de mantener su temperatura corporal. La temperatura corporal normal de una persona es de 98,6 F. Si su temperatura desciende por debajo de 95 F, está sufriendo hipotermia, lo que significa que su temperatura corporal es demasiado baja y está en peligro. Por lo tanto, mantenerse caliente está estrechamente ligado a mantenerse vivo.

Un refugio elevado, especialmente en la selva, puede protegerle de las serpientes y los insectos del suelo. Por lo tanto, un refugio no es solo para calentarse, sino que también es extremadamente importante para su seguridad. Además, tener un cierto nivel de confort le permite dormir mejor. La falta de sueño afecta a su mente, por lo que no será tan agudo y sus respuestas serán mucho más lentas. En la naturaleza salvaje, necesita claridad mental para tomar buenas decisiones que aumenten sus probabilidades de supervivencia.

Un refugio también puede ayudarle a esconderse de los depredadores. Construir un refugio discreto que se mimetice con su entorno podría ayudarle a evitar llamar la atención de cualquier animal que pudiera hacerle daño. Aunque camuflar su refugio no le mantendrá seguro al cien por cien, le da una ventaja que podría inclinar a su favor las probabilidades de escapar a un ataque. Si se encuentra en una zona peligrosa donde merodean los depredadores, su mejor opción es permanecer oculto.

Su campamento es el centro de su supervivencia al que volverá regularmente para comer y dormir. Su refugio es el hogar en la naturaleza que utilizará como lugar donde mantener el fuego encendido para cocinar y hervir agua, así como un lugar donde almacenar los materiales de supervivencia que tanto necesita. Necesita un lugar donde reagruparse y al que volver para poder mantener la cordura en la naturaleza. Su refugio le proporciona tranquilidad para que pueda mantener la calma y operar a su máximo nivel. Por lo tanto, cuando esté en el monte, debe trabajar a partir de la construcción de un refugio y después atender a sus otras necesidades. La construcción de refugios es una actividad que requiere mucha energía, por lo que probablemente querrá quitársela de encima lo antes posible.

Principios clave de la construcción de refugios

Puede que esté mirando su refugio ingeniosamente construido con materiales naturales y dándose una palmadita en la espalda por un trabajo bien hecho, pero hay algunas casillas que debe marcar antes de intentar utilizar su refugio. Un refugio con goteras y frío puede ser mejor que nada. Aun así, puede aumentar exponencialmente su comodidad y seguridad asegurándose de que su refugio es resistente al viento, impermeable y está aislado para mantenerle caliente. Además, también querrá tomar medidas para mantener alejados el mayor número posible de bichos y arañas.

Aislamiento

Aislar significa mantener el calor mientras hace frío fuera. Incluso en las regiones más templadas, las temperaturas pueden descender rápidamente por la noche. El frío puede ser una sentencia de muerte, por lo que el aislamiento debe tomarse en serio. Corteza, hojas, virutas de madera y plantas pueden colocarse en capas estratégicas para mantener el frío fuera. No duerma directamente en el suelo; es una forma rápida de perder calor. Utilice un suelo de madera hecho con ramas, y coloque capas de hojas y ramas en la parte inferior y superior para mantenerle elevado del suelo. El material aislante debe cubrir todos los huecos de la estructura para que el calor de su respiración y de su cuerpo se mantenga en el refugio mientras el aire frío del exterior se mantiene fuera. Utilice lo que tenga disponible, así que mantas, sacos de dormir, cojines, ropa e incluso periódicos pueden servir para aislarse.

Impermeabilización

No hay muchas cosas en el planeta tan malas como que el frío y la humedad le impidan dormir. Tanto si se trata del rocío a primera hora de la mañana como de la lluvia torrencial en un bosque, impermeabilizar su refugio le mantendrá caliente y cómodo. La impermeabilización sigue un esquema similar al aislamiento porque ambos utilizan materiales parecidos. Colocar estratégicamente su campamento donde no se acumule el agua es el primer paso para impermeabilizar su refugio. A continuación, querrá materiales que pueda colocar en capas y entrelazar para poder cerrar los huecos del armazón de madera de su refugio. El musgo y las agujas de pino son estupendos para impermeabilizar, sobre todo en lugares fríos donde nieva a menudo. También puede utilizar hierba, juncos y hojas para impedir que entre el agua. A veces, no todo sale según lo planeado, así que tenga cerca algún material extra para remendar su refugio cuando sea necesario y lleve una lona en su equipo.

Tener una tienda impermeable mantendrá la lluvia a raya y podrá tener un sueño reparador[24]

Protección contra el viento

La protección contra el viento trabaja mano a mano con el aislamiento y la impermeabilización. De nuevo, los materiales que elija para protegerse del viento deben rellenar todas las aberturas de su refugio. Un consejo para protegerse del viento es mantener pequeña la entrada a su refugio porque así entrará menos aire. Otro truco útil que debe recordar es utilizar cuerdas para atar su material aislante para que el viento no se lo lleve. Todo en su refugio debe ser sólido para que el tiempo no destruya la estructura. Utilice el entorno a su favor y construya cerca de una formación rocosa o entre árboles para que su hábitat le ayude a bloquear el fuerte viento.

Refugios naturales

A veces, es más fácil encontrar un refugio que construirlo. Se trata de trabajar de forma inteligente -no dura- en el monte. Utilizar lo que ya está disponible es la clave que todo el que tenga conocimientos de super-vivencia debe comprender perfectamente. Mire a su alrededor y vea qué puede utilizar en su beneficio. Sea creativo y piense con originalidad. Cuando encuentre refugios naturales, debe estar alerta porque puede que ya haya un animal o un insecto dueño de ese refugio. Sus sentidos deben estar siempre en alerta máxima porque la naturaleza puede ser implacable. Estar en la naturaleza es divertido, pero

Puede encontrar refugio en la naturaleza para mantenerse a salvo[25]

su seguridad debe ser siempre su primera preocupación. Busque un lugar seco que le proteja del viento y donde pueda hacer fuego para mantener alejados a los depredadores. Asegúrese de limpiar la estructura antes de utilizarla porque puede haber bichos indeseados buscando entrar por grietas y agujeros.

A continuación encontrará una lista de refugios naturales que puede utilizar para ahorrar tiempo y energía. Esté atento a las siguientes estructuras naturales:

- Cuevas

- Formaciones rocosas

- Árboles huecos

- Árboles caídos

- Arbustos o matorrales espesos

- Acantilados

- Árboles de hoja perenne

- Formaciones terrestres bajas

- Voladizos

Construir un refugio

Ahora que comprende los principios y la importancia de construir un refugio, necesita algunos consejos prácticos e ideas sobre cómo puede proceder para construir el mejor refugio en cualquier situación. Los refugios para la naturaleza son fáciles de construir, requieren poco esfuerzo y utilizan materiales que se encuentran fácilmente a su alrededor. No necesita nada lujoso; solo tiene que ser funcional. Recuerde que cuando pasa tiempo en la naturaleza, debe dejar las cosas como las encontró, así que limpie siempre su campamento antes de marcharse para respetar a las plantas y los animales que le reciben como a su invitado.

Refugio Inclinado

Una estructura tipo "lean-to" es sencilla de construir y puede colocarse en varios lugares[26]

Una estructura inclinada es sencilla de construir y puede utilizarse en varios lugares.

- En primer lugar, debe encontrar una pared rocosa o dos árboles fuertes que estén juntos.

- Si utiliza una pared rocosa, busque ramas rectas del mismo tamaño y apóyelas contra la superficie dura.

- A continuación, ate palos más pequeños horizontalmente a través de los palos que ha apoyado verticalmente contra la pared rocosa.

- Por último, rellene los huecos con aislantes como hojas o musgo.

- Si utiliza dos árboles, hay un paso adicional. Debe asegurar una rama larga horizontalmente entre los dos árboles. Puede repetir los mismos pasos que para una pared rocosa colocando palos del suelo contra el palo que asegure más o menos a la altura de su cintura.

- A continuación, rellene los huecos con hojas y vegetación para proporcionar aislamiento.

- No olvide aislar también el suelo.

Refugio Marco en A

Este refugio es un poco más complicado que el inclinado, pero tiene la ventaja añadida de camuflar bien el refugio y tener un poco más de aislamiento para los ambientes más fríos.

- Busque una rama gruesa y fuerte para utilizarla como pértiga. Apoye esta rama contra un árbol fuerte y átela con un poco de cuerda.

- A continuación, recoja más ramas que apoyará en el poste central que creó con la primera rama. Asegúrese de que los palos están en ángulo para estabilizarlos firmemente y átelos al suelo.

- Recoja restos como hojas, ramas de pino o musgo para aislar su refugio. Métase a gatas en el refugio y acumule más escombros en la entrada para sellar su interior de forma cómoda y confortable.

Refugios de lona

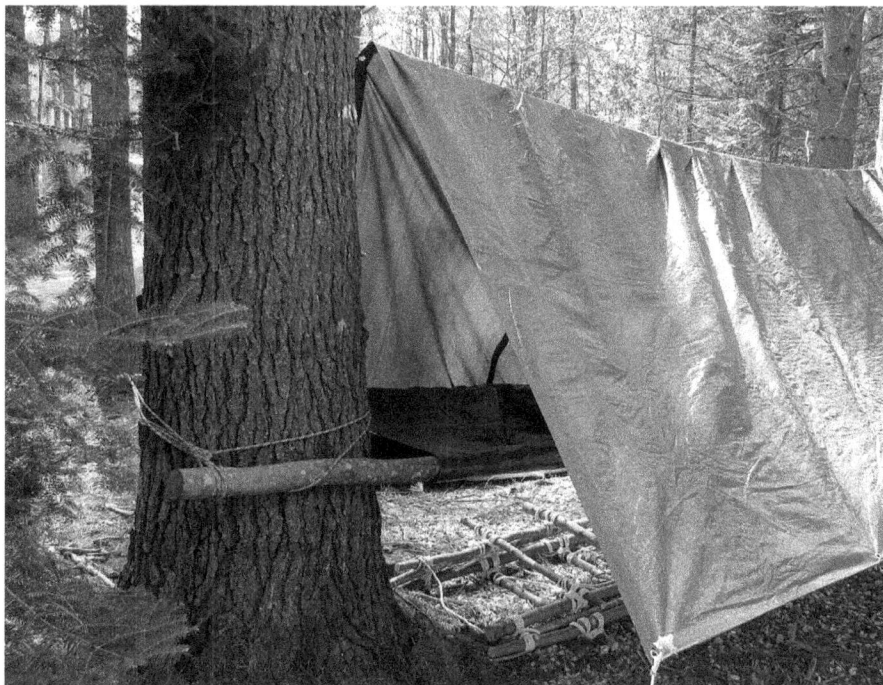

Un refugio de lona es una de las estructuras más fáciles de construir. Llevar una lona consigo en la naturaleza puede ser útil para refugiarse y recoger agua. Las lonas son más impermeables y cálidas que los refugios, ya que utilizan restos como palos y hojas para aislar. Por lo tanto, una lona es una herramienta de supervivencia asombrosa.

- Empiece por colocar la lona plana en el suelo y asegure las esquinas con piedras pesadas.

- Busque un palo fuerte y colóquelo en posición vertical en el centro de su lona. Puede cavar un agujero para el palo para asegurarlo mejor.

- Por último, aísle el suelo con madera y ramas para evitar que su cuerpo absorba el frío del suelo.

Refugio de emergencia con recursos limitados

No siempre encontrará todo lo que necesita para su refugio, por lo que deberá utilizar lo que tenga a mano. Todos los refugios descritos anteriormente pueden crearse con recursos limitados. Siéntase libre de ser creativo. Puede utilizar los materiales que tenga a mano para crear un refugio. La contaminación a veces proporciona materiales útiles como plástico o papel que pueden utilizarse como armazón o aislante en un refugio. Una lona o un impermeable también pueden reutilizarse como impermeabilizantes. Las situaciones de supervivencia en la naturaleza y de emergencia exigen que utilice en su beneficio cualquier cosa que tenga a mano. Solo tiene que mirar sus recursos con ojos de ingeniero.

Elegir el mejor campamento

Elegir un buen lugar de acampada para construir una estructura es la mitad del trabajo. Hay que tener en cuenta algunas consideraciones a la hora de encontrar el lugar perfecto. En primer lugar, asegúrese de que se encuentra al menos a 200 metros de cualquier fuente de agua para evitar inundaciones. Compruebe el drenaje del camping para asegurarse de que el agua fluye bien y no se acumula en ese lugar. Intente encontrar una superficie sólida como grava o suelo duro. Querrá un camping con un mínimo de plagas y alejado de cualquier hogar de animales. Mire a su alrededor para asegurarse de que no hay rocas o árboles que puedan caerle encima. El mejor lugar para acampar es donde esté seco y con cierta protección contra el viento. Si se encuentra en una zona donde hace mucho calor, encontrar un lugar con sombra también puede ser útil.

Sección 5: Fogatas

Tener la habilidad de encender un fuego es algo que todo el mundo debería aprender. No solo es útil para encender una hoguera. Se puede utilizar de muchas maneras diferentes. Imagínese que está en la naturaleza y la noche se vuelve oscura y aterradora. Es entonces cuando un fuego puede ser su mejor amigo.

En primer lugar, un fuego puede mantenerle seguro y acogedor. Es como un cálido abrazo de la madre naturaleza, que le mantiene caliente cuando fuera

Es como un cálido abrazo de la Madre Naturaleza, que le mantiene calentito cuando fuera hace frío[38]

hace frío. Además, el crepitar de las llamas puede ahuyentar a cualquier animal salvaje curioso que esté pensando en visitar su campamento.

Pero eso no es todo. Un fuego también puede ser un mensaje secreto para sus amigos o rescatadores en la oscuridad. Si necesita ayuda, una hoguera encendida envía un faro diciendo: "¡Estoy aquí, ven a buscarme!". Así que, en algunas situaciones, un fuego puede literalmente salvarle la vida.

Sin embargo, encender un fuego es más difícil de lo que parece. Necesita tres cosas para funcionar: aire, calor y combustible. Sin embargo, aquí está la parte complicada. Es bastante difícil conseguir que todas esas cosas cooperen en un día lluvioso, y si estaj cansado y un poco asustado, se hace aún más difícil.

Imagínese utilizar un montón de cerillas y seguir siendo incapaz de encender un fuego. ¿Qué haría entonces? Esa es la aventura de hacer fuego. A veces es fácil y a veces es un verdadero desafío, pero una vez que lo domine, ¡se sentirá como un experto en la naturaleza!

Preparar la zona del fuego

Preparar su zona de fuego es importante para garantizar una hoguera exitosa y segura.

1. Elegir el lugar adecuado

En primer lugar, debe elegir un lugar que ya sea seguro para hacer una hoguera. Busque lugares como la cima de una gran roca o una zona arenosa. Lo mejor es encontrar un lugar protegido del viento. Si puede, busque una roca grande o un peñasco detrás del cual pueda colocar su zona de fuego. De este modo, una mayor parte del calor del fuego rebotará para mantenerle caliente.

2. Despeje el camino

Para ser inteligente y seguro, despeje un círculo de al menos 3 metros de ancho para su zona de fuego. Eso significa retirar cualquier cosa que pueda prenderse fuego con facilidad, como hojas, hierba y agujas de pino. Esto evitará que el fuego se propague por donde usted no quiere. Cave un agujero poco profundo en el suelo para crear un pozo de fuego si puede. Esto hará que su fuego sea más seguro y más fácil de encender cuando haya brisa. Si cavar un hoyo no es una opción, puede hacer un anillo de rocas alrededor de su zona de fuego. Estas rocas ayudarán a contener las llamas y se mantendrán calientes incluso después de que el fuego se apague.

3. Situaciones de nieve

Si se encuentra en una zona nevada, no puede simplemente colocar una hoguera encima de la nieve. Tendrá que crear una base sólida para su fuego. Reúna troncos o palos grandes para hacer una cubierta. De esta forma, su fuego no se fundirá con la nieve.

Necesita tener una buena base para encender un fuego en la nieve[29]

Materiales para su hoguera

Una vez preparado su lugar, es hora de reunir los materiales que necesita para su hoguera. Para mantener un fuego fuerte toda la noche, necesitará más madera de la que podría pensar. Necesitará tres tipos principales de madera: yesca, leña y troncos.

- **Yesca:** Es lo que enciende primero para iniciar el fuego. Tiene que estar muy seca y ser fácil de prender. Cuanto más seca esté la yesca, mejor funcionará. Puede utilizar cosas como hojas secas, papel o incluso materiales especiales para encender fuego que pueda tener.

- **Astillas:** Son palos finos y ramas pequeñas que usted alimenta al fuego para ayudarlo a crecer. Son como el aperitivo de su fuego, preparándolo para los troncos grandes. Asegúrese también de que sus astillas estén secas.

- **Troncos:** ¡El evento principal! Estos trozos de madera más grandes mantienen su fuego ardiendo de forma constante. Proporcionan el calor y la luz duraderos que necesita durante su aventura de acampada.

Tipos de yesca

A la hora de encender un fuego, contar con la yesca adecuada puede hacerle la vida mucho más fácil. Piense en la yesca como el material mágico que prende primero y le ayuda a encender esa acogedora hoguera. A continuación, explore los distintos tipos de yesca que puede utilizar:

1. Lleve su yesca

Si está bien preparado y dispone de un kit de supervivencia, puede ahorrar tiempo y esfuerzo llevando consigo algo de yesca. Entre los buenos materiales de yesca para empacar se encuentran la lana de acero fina, el papel triturado, el papel encerado o pequeños trozos de madera grasa (que proviene de un árbol resinoso). Incluso puede buscar en sus bolsillos pelusa de secadora; suele estar seca y constituye una excelente yesca.

2. La yesca de la naturaleza

Si no ha traído su propia yesca y hace un día húmedo, no se preocupe. La madre naturaleza le tiene cubierto. Busque agujas de pino secas, hierba o excrementos secos de conejo o ciervo. Éstos pueden funcionar como yesca natural. También puede encontrar pequeños trozos de madera seca o corteza. Y si el suelo no le ayuda, puede recurrir al punk. El punk es madera podrida del interior de árboles que llevan muertos un tiempo. La corteza de abedul o cedro puede triturarse y utilizarse como yesca. Los abedules tienen una corteza blanca y empapelada, y los cedros parecen secuoyas o pinos, pero tienen hojas planas. Rómpalos o tritúrelos para crear un haz suelto.

A la caza de leña

Ahora, es el momento de encontrar las piezas más grandes para su hoguera. Busque la leña en lugares protegidos de la intemperie, como debajo de un árbol grande o debajo de un trozo de corteza. Una vez que haya encendido el fuego, puede poner la leña húmeda cerca del fuego para secarla y utilizarla más tarde.

Cómo encender el fuego

Hay muchas formas de encender un fuego, pero todas empiezan encendiendo pequeños trozos de yesca seca. Disponga la yesca de modo que las llamas queden protegidas del viento, pero puedan seguir recibiendo algo de oxígeno. Puede hacer una forma de tipi con su yesca y pequeños palos o apoyar un manojo de yesca contra un tronco. Cuando vea llamas en su yesca, sople suavemente sobre el fuego para añadir oxígeno y aliméntelo cuidadosamente con pequeños palos de leña. Añada uno o dos palitos cada vez hasta que su fuego arda bien. Una vez que tenga un fuego fuerte, puede añadir palos más grandes y, finalmente, troncos.

Encendedores y materiales para encender el fuego

Una vez que tenga lista su yesca, el siguiente paso es encenderla, y para ello necesita herramientas fiables. Algunos libros de supervivencia hablan de encender fuego con pedernal, arados de fuego o taladros de arco. Estos métodos pueden ser divertidos de aprender, pero no son muy prácticos cuando tiene frío, está asustado, mojado y solo en el bosque. Necesita formas rápidas, fáciles e infalibles de encender un fuego.

1. Encendedores comprados en la tienda

Puede encontrar algunos productos fantásticos para encender fuego en las tiendas de camping. He aquí un par de ellos:

- **Cerillas impermeables**: Estas cerillas son salvavidas, ya que se encienden con facilidad, incluso en condiciones húmedas. Solo asegúrese de mantener el papel de la cerilla seco guardándolas en un recipiente hermético.

- **Encendedores desechables**: Son baratos y suelen funcionar, aunque se mojen. Puede secarlo si el suyo se moja y debería funcionar sin problemas. Llevar tanto cerillas impermeables como un encendedor siempre que vaya de excursión es una buena idea.

2. Utilizar la energía del sol

En los días soleados, puede utilizar la luz del sol para encender un fuego. Una pequeña lupa o incluso unas gafas pueden servir. De hecho, cualquier cosa que refleje la luz del sol puede ayudar a crear un fuego. La gente incluso ha encendido fuegos utilizando cuencos de cristal en cubiertas de madera, cristales en ventanas o vasos de bebida dejados en los alféizares. ¡Está aprovechando el poder del sol!

3. Materiales para encender fuego

Si no tiene materiales para encender fuego comprados en una tienda, no se preocupe. Puede hacer los suyos propios con cosas sencillas que quizá tenga:

- **Patatas fritas de tortilla:** Mantenga la llama de una cerilla o un mechero debajo de un trozo de tortilla durante unos segundos y prenderá fuego. Los chips de color claro con menos condimentos funcionan mejor.

- **Papel higiénico y cera de vela:** Recubra cuadrados individuales de papel higiénico con cera de vela derretida. Estos prenderán fuego rápidamente y arderán de forma constante.

- **Bolas de algodón y vaselina:** Sumerja bolas de algodón en vaselina (como la vaselina). Prenden fuego inmediatamente y arden con fuerza durante bastante tiempo.

- **Pasta ignífuga:** Se vende en tubos, se exprime sobre la madera y se enciende. Se enciende al instante.

- **Pastillas combustibles:** Existen varias pastillas de combustible sólido que arden bien y proporcionan calor suficiente para cocinar.

- **Raspaduras de bloques de magnesio:** Puede comprar bloques de magnesio con un borde de pedernal. Raspe algunos copos de magnesio sobre su yesca y luego golpee el pedernal con un cuchillo para crear chispas que prendan fuego a los copos de magnesio. Funciona incluso cuando está húmedo.

4. Improvise con lo que tiene

Si no ha traído materiales para encender fuego, piense en lo que sí ha traído y que podría utilizarse como sustituto. ¿Tiene pelusas en el bolsillo, pañuelos de papel, el envoltorio de una chocolatina o un trozo de papel que pueda arrancar y triturar?

Métodos básicos para encender fuego

- **Manojo de yesca:** Reúna hojas secas, hierba y pequeños palos. Haga un pequeño manojo con ellos. Utilice cerillas o un mechero para prender fuego al manojo. Sóplelo suavemente para que crezcan las llamas.

- **Kit para encender fuego:** Consiga un kit especial con cerillas impermeables, bolas de algodón y un percutor. Aprenda a encender las cerillas y a utilizar las bolas de algodón como iniciadores del fuego.

- **Lupa:** Utilice una lupa para captar los rayos del sol en los días soleados. Apunte con la lupa a un montón de cosas secas, como hojas o papel, y observe cómo empieza a humear y a prenderse fuego. Magia

Puede utilizar una lupa para provocar un incendio[81]

- **Vela y yesca:** Encienda una vela con la ayuda de un adulto y utilice la llama de la vela para iniciar un fuego de forma segura y controlada. Esto le ayudará a aprender sin tocar grandes llamas.

Técnicas intermedias para encender fuego

- **Tendido de fuego en tipi:** Disponga pequeños palos en forma de tipi alrededor de su haz de yesca. Esto permite que entre el aire y hace que su fuego crezca. Añada palos más grandes a medida que su fuego vaya creciendo.

Coloque pequeños palos en forma de tipi alrededor de su manojo de yesca[82]

- **Disposición del fuego en forma de cabaña de troncos:** Haga una pequeña cabaña de troncos con los palos y el manojo de yesca dentro. Encienda el manojo, y la cabaña de troncos se desmorona a medida que arde, añadiendo más palos al fuego.

Haga una pequeña cabaña de troncos con sus palos y el manojo de yesca dentro.[83]

- **Fogata Inclinada:** Construya un pequeño refugio con palos, dejando un lado abierto como una tienda de campaña. Ponga su yesca dentro, enciéndala y el fuego prenderá. Esto es bueno para los días ventosos.

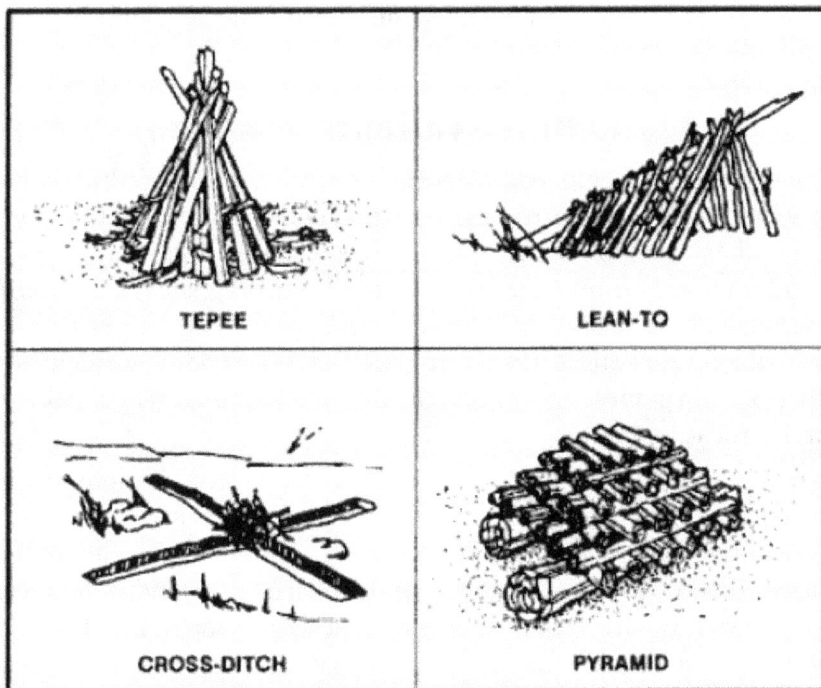

Construya un pequeño refugio con palos, dejando un lado abierto como una tienda de campaña[44]

Métodos avanzados para encender fuego (con ayuda de un adulto)

- **Herramientas para encender fuego:** Estas herramientas hacen chispas calientes cuando las raspa. Un adulto puede ayudarle a utilizarlas para encender su yesca.

- **Pedernal y acero:** Golpee un trozo de roca especial (como el pedernal) contra un percutor de acero para hacer chispas. Utilice las chispas para encender su yesca.

- **Taladro de arco:** El taladro de arco es como mágico. Necesita un huso, una tabla de hogar, un arco y un enchufe. Moviendo el arco rápidamente, puede calentar y encender la yesca. ¡Requiere práctica!

- **Fuego por fricción:** Estos métodos implican frotar cosas para crear calor, como el taladro manual o el arado de fuego. Son complicados y requieren mucha práctica. Los adultos pueden ayudarle a aprender.

Advertencia: Antes de encender un fuego, cuente siempre con la presencia de un adulto.

Mantenerse caliente y seguro

Para mantenerse caliente por la noche, puede calentar piedras junto al fuego y colocarlas bajo la ropa o en su refugio. Tenga cuidado porque estarán calientes. No ponga en el fuego rocas que hayan estado sumergidas en agua o que tengan pequeñas bolsas o grietas. Estas pueden explotar cuando se calientan. Tenga siempre cuidado al recoger las rocas, ya que puede encontrar invitados inesperados como serpientes de cascabel o escorpiones escondidos debajo. Utilice primero un palo para voltear las rocas.

Si está varado durante más de un día o tiene algo de tiempo extra, puede encender un gran fuego en una zanja del tamaño de su cuerpo. Una vez que arda hasta convertirse en brasas, cubra todo el lecho de fuego con arena o tierra. Ponga ramas verdes encima y tendrá una cama caliente. Estas ramas evitan que exponga accidentalmente las brasas mientras duerme. Otra forma de hacer una cama caliente es encender una hoguera sobre una roca grande en la que piense dormir. Después de retirar las brasas, la roca se mantiene caliente durante horas.

Recuerde apagar la hoguera antes de salir. Vierta agua sobre ella si es posible, y remuévala con un palo para asegurarse de que está apagada. Si no tiene agua, cubra el fuego con una capa gruesa de tierra o arena. Asegúrese de que el fuego está totalmente apagado antes de marcharse. Esto es vital porque muchos incendios forestales y de maleza se han originado a partir de hogueras que no se apagaron correctamente y que ardieron durante horas.

Sección 6: Agua y comestibles

En esta sección, aprenderá sobre los elementos más esenciales en bushcraft: el agua y los comestibles. Descubrirá su importancia, cómo encontrarlos e identificarlos y cómo preparar estos artículos de forma segura. Con estas inestimables habilidades, ¡podrá sobrevivir en casi cualquier lugar!

¿Por qué el agua es vital para la supervivencia?

Debe llevar siempre consigo una botella de agua o disponer de una fuente de agua en todo momento[86]

Pasar demasiado tiempo sin agua le provoca una deshidratación grave, que puede ser mortal. Debe llevar siempre una botella de agua consigo o tener siempre una fuente de agua con usted. En entornos desérticos cálidos y áridos, las consecuencias de la deshidratación son mucho más graves que en entornos más suaves. Incluso una deshidratación leve puede afectar negativamente a su bienestar mental y físico, lo que puede hacerle tomar malas decisiones.

Si se encuentra en un entorno nevado, la deshidratación puede no ser una gran preocupación. Siempre puede comer nieve para hidratarse. Sin embargo, debe ser precavido, ya que comer demasiada nieve puede hacer que descienda su temperatura corporal central. No debería ser un problema si está de viaje o realiza alguna actividad física. Si su temperatura corporal baja, siempre puede realizar actividades físicas como sentadillas o saltos de tijera. Siempre que sea posible, debe intentar derretir la nieve. Si su temperatura corporal desciende por debajo de cierto nivel, puede convertirse en víctima de la hipotermia. Estas son algunas fuentes donde puede encontrar agua en la naturaleza:

Gravedad

La gravedad es su amiga cuando se trata de encontrar agua en la naturaleza salvaje. Debe buscar agua en las zonas de menor elevación, como los valles. Normalmente, el agua se drena y se acumula en forma de charco. Incluso si no hay señales de agua en ese lugar, puede excavar el suelo para descubrir algo de agua que se acumulará en el agujero que haya cavado. También puede encontrar agua en zonas verdes con plantas, ya que eso también es un signo de la presencia de agua.

Lluvia

Si se encuentra en una selva tropical, encontrará agua por todas partes. La encontrará recogida en los rincones del bosque. Sin embargo, es mejor hervirla antes de beberla. Si encuentra bolsas frescas de agua de lluvia, puede beberla con una pajita hecha de una planta o de bambú. Puede filtrar las partículas grandes utilizando hierba, arena o tela. Sin embargo, no filtrará las bacterias ni los agentes patógenos.

Rocío

El rocío de la mañana también es una buena forma de recoger agua en zonas donde las noches son frías y los días cálidos. El aire caliente absorbe mucha humedad, así que cuando cae la noche, el aire no puede retenerla, por lo que se condensa en rocío. Puede utilizar la corteza de los árboles para almacenar agua, ya que es impermeable y no la absorbe. También puede utilizar ropa para absorber las gotas de rocío y escurrirlas en la olla hirviendo. Puede envolverse la ropa alrededor de las piernas y caminar por la hierba para absorber el rocío de la hierba. Luego puede escurrir esa agua en una olla y hervirla para consumirla sin peligro.

Vegetación

Si busca agua, siempre es bueno mirar alrededor de la vegetación verde. Si se topa con follaje verde, puede saber con certeza que allí hay agua. Incluso si no ve agua en el lugar, puede probar a cavar el suelo y, con el tiempo, hará que salga agua. Además, un lugar con animales es otra señal de la presencia de agua.

Riesgos de beber agua no tratada

Es imperativo consumir agua potable durante su aventura al aire libre. Sin embargo, en ausencia de esta, debe abstenerse de beber agua insalubre. No debe beber directamente de fuentes naturales de agua sin tratar, ya que puede estar llena de bacterias y virus. Existe el riesgo de contraer enfermedades víricas peligrosas transmitidas por el agua, como el rotavirus y la hepatitis A. También puede sentir náuseas y tener calambres y dolores de estómago por beber agua sucia. Además, puede contraer parásitos, gusanos o diarrea por beber de estas fuentes insalubres. Por eso debe hervir el agua antes de consumirla.

Métodos de purificación del agua

Una vez que haya obtenido y recogido el agua, purifíquela siempre antes de consumirla. Hay muchas formas de purificar o filtrar el agua en la naturaleza:

Hervir

Hervir el agua es la forma más segura y sencilla de hacer que el agua sea segura para el consumo[66]

Hervir el agua es la forma más segura y sencilla de hacer que el agua sea segura para el consumo. Elimina todas las bacterias y virus, pero no los productos químicos. Si puede acceder al fuego y a la leña, hierva el agua antes de beberla. Debe hervir el agua durante más tiempo si se encuentra en una zona elevada. Puede hervir el agua en una olla de metal o en una taza nido. No utilice tazas metálicas aisladas o les hará un agujero.

Filtración gruesa

Puede filtrar el agua por filtración gruesa utilizando una bolsa marrón, un pañuelo o un trapo para eliminar los depósitos y la turbidez. La filtración gruesa reduce las bacterias o virus si están adheridos a la suciedad, pero no filtra los organismos patógenos más grandes. Este método para limpiar el agua se utiliza antes que los métodos químicos para limpiar de forma más eficaz.

Microfiltración

Mediante bombas, filtros cerámicos o sistemas de gravedad, puede emplear técnicas de microfiltración para eliminar los organismos patógenos de gran tamaño, incluidos los protozoos, sin utilizar calor. Sin embargo, puede no ser eficaz para los virus y las bacterias.

Esterilización química

Bajo la supervisión de un adulto, también puede utilizar métodos de esterilización química como el cloro y el yodo.

Cloro

El cloro ayuda a eliminar las bacterias y los virus, pero no se deshace de los quistes de protozoos.

Yodo

El yodo es excelente para limpiar el agua turbia y eliminar protozoos, bacterias y virus.

Técnicas ultravioleta

Puede utilizar técnicas ultravioletas para limpiar el agua y eliminar bacterias, virus y protozoos. Estos dispositivos, sin embargo, requieren que el agua esté filtrada y clara. Además, estos aparatos pueden necesitar pilas.

Comestibles silvestres

El mundo está lleno de comestibles. Vaya donde vaya, es muy probable que encuentre plantas comestibles a su alrededor, como frutos secos, raíces, bayas, flores, semillas, hongos, follaje, etc. A menudo, toda la planta es comestible. Antes de embarcarse en su viaje de forrajeo, aprenda a consumir e identificar las plantas. No coma nada que pueda parecer comestible. Ciertas plantas tóxicas tienen un aspecto similar al de otras plantas. Lleve consigo un libro o guía de plantas comestibles para reconocer las que puede comer.

Reglas generales para buscar comida

He aquí algunas reglas generales que debe seguir cuando busque comida:

1. El hecho de que un animal se lo coma no hace que el alimento sea seguro para usted.
2. No consuma una parte de una planta sin preguntar a un adulto.
3. Si una planta huele mal, evítela.
4. La hiedra venenosa y otras plantas que crecen en grupos de tres no deben comerse.
5. Las plantas que se encuentran cerca de bordes de carreteras muy transitadas o en regiones desarrolladas deben limpiarse a fondo para evitar la contaminación por pesticidas.
6. No todas las plantas son seguras para ser consumidas crudas.
7. Nunca consuma frutas o bayas podridas.
8. Asegúrese de que no es alérgico a una fruta, verdura o baya. Consuma las plantas nuevas lentamente y de una en una.
9. Espere un poco antes de comer más para saber si hay algún impacto negativo.
10. Siga siempre la filosofía de no dejar rastro para asegurarse de que su entorno es prístino para el disfrute de futuros visitantes.

Plantas comestibles comunes

Estas plantas son fáciles de identificar y tienen al menos una parte que puede consumir sin peligro. Es fácil localizarlas en todo Estados Unidos. Coja una guía local para identificar y seleccionar sus plantas comestibles silvestres favoritas.

1. Capuchina

Busque capuchina cerca de su casa antes de embarcarse en su aventura al aire libre. Es una encantadora planta picante que puede ser naranja, amarilla o roja. Se puede encontrar fácilmente en jardines o parques y en la tierra natal de Sudamérica. Todas las partes de esta planta, desde las semillas hasta las hojas, son comestibles y ricas en vitaminas.

2. Cactus de higo chumbo

Puede encontrar alimento incluso en el desierto. México y el suroeste americano son el hogar de los cactus de higo chumbo. Sus brazos tienen forma de pala y su fruto es de color rosa vivo. Antes de comerlo, hay que pelarle la piel y quitarle las espinas. Su fruto se utiliza mucho para hacer zumo fresco de color rosa.

3. Morilla

Las deliciosas setas que crecen en primavera se llaman colmenillas. Asegúrese de no tropezar con una "falsa colmenilla", que puede engañar al ojo desinformado y es algo dañina.

4. Piñones

Los piñones son increíblemente deliciosos y nutritivos, pero necesitan mucho tiempo para recolectarse. Por eso no debe considerarlos como su recurso de supervivencia. Son semillas, no frutos secos, y se encuentran en las piñas. Las semillas de los pinos piñoneros crecen por todo el suroeste americano.

5. Diente de león

Los dientes de león son comestibles y se pueden encontrar en todas partes[88]

Los dientes de león son comestibles y pueden encontrarse en todas partes. Las hojas deben consumirse jóvenes porque con el tiempo se vuelven amargas e incluyen vitaminas K y A. Las hojas y raíces maduras deben cocinarse antes de comerlas para mejorar su sabor. La flor dorada puede añadirse a una ensalada o comerse cruda.

Plantas a evitar

Debe aprender a identificar las plantas comestibles de las venenosas. Conocerlas le ayudará a usted y a sus mascotas a mantenerse a salvo, ya que también pueden encontrarse en su jardín y en los parques.

1. Ortiga de caballo

El fruto de la ortiga de caballo se parece a los tomates cherry porque es miembro de la familia de las berenjenas o tomates. El fruto puede parecer apetitoso pero es tóxico; por lo tanto, no debe comerlo. Se encuentra en el sur de Estados Unidos. Está formado por espinas y tiene un sabor amargo.

2. Ojos de muñeca

Estas bayas son blancas con puntos negros en el centro[39]

Estas bayas son blancas con puntos negros en el centro. Se parecen a los ojos de una muñeca, de ahí su nombre. Toda la planta es tóxica y puede encontrarse en el este de EE. UU.

3. Hiedra venenosa

Los humanos no pueden comer hiedra venenosa, aunque los pájaros comen sus semillas y los ciervos consumen sus hojas. Produce un sarpullido que pica, así que aprenda a identificarla, ya que crece en arbustos, campos, parques y enredaderas.

4. Adelfa

La adelfa tiene unas flores preciosas y huele deliciosamente, como los albaricoques[40]

La adelfa presenta unas flores preciosas y huele deliciosamente, como los albaricoques. Sin embargo, todas las partes de esta planta son tóxicas y pueden matarle. Se encuentran en Florida, Texas y California.

5. Hippomane Manchinela

Los árboles manzanilla de la muerte son extremadamente peligrosos. Consumir su fruto, parecido a una manzana, puede resultar fatal. También se le llama el árbol de la muerte. Se encuentra en los Cayos de Florida y en el sur de Florida. Crece de forma silvestre en lugares pantanosos o costeros de América Central, México y el Caribe.

Cómo identificar y evaluar la comestibilidad de la fauna silvestre

Debe saber cómo identificar y evaluar la comestibilidad de los animales salvajes y los insectos. Debe estar siempre bajo la supervisión de un adulto cuando trate con animales salvajes y aprender sobre sus especies, hábitats y comportamientos, especialmente los que se encuentran alrededor de la fuente de agua. Sea consciente de las partes comestibles y no comestibles de los animales. Además, vea si puede determinar qué enfermedades puede tener un animal. Por último, respete siempre la naturaleza y los animales y evite molestarlos.

Métodos de cocina y técnicas de conservación

Aprender a cocinar y conservar los alimentos es una habilidad gratificante para la vida que le ayudará a ser más autosuficiente. He aquí algunas técnicas de cocina y conservación.

Técnicas de cocina

Cocinar en una hoguera

Puede encender una hoguera y utilizar pinchos para asar malvaviscos. También puede cocinar alimentos como perritos calientes, verduras y pequeños trozos de carne sobre una llama abierta colocándolos en palos o brochetas.

Cocina solar

Puede utilizar un horno solar para cocinar alimentos. Puede alinear el horno con el sol para cocinar cosas como *smores*.

Hervir y asar a la parrilla

Asar a la parrilla puede ayudarle a cocinar carne o verduras sobre las llamas[41]

Puede hervir agua para cocinar pasta, arroz y sopa. Asar a la parrilla puede ayudarle a cocinar carne o verduras sobre las llamas.

Técnicas de conservación

Secado

Puede secar al aire sus frutas y verduras para evitar que se estropeen y también guardarlas en recipientes para utilizarlas en el futuro.

Ahumado

Puede ahumar su carne o pescado para conservarlos. Hágalo con un adulto, ya que puede resultar complicado.

Enlatado

Puede preparar mermeladas y encurtidos para enlatar. Necesitará tarros esterilizados para sellarlos correctamente.

Sección 7: Primeros auxilios básicos

Imagínese que se encuentra en plena naturaleza, rodeado de árboles imponentes, ríos serpenteantes y los sonidos de pájaros e insectos. Es una aventura emocionante, pero también puede ser donde a veces las cosas salen de forma diferente a la planeada. Por eso necesita saberlo todo sobre primeros auxilios, especialmente cuando no hay un hospital cerca o cuando la asistencia médica puede tardar en llegar.

Lejos de la ayuda

A veces, puede estar lejos de pueblos o ciudades cuando explora la naturaleza salvaje. Por lo tanto, si algo va mal, es posible que no pueda llegar rápidamente a un hospital. Saber primeros auxilios significa que puede ayudarse a sí mismo y a sus amigos hasta que lleguen los mayores.

Pensamiento rápido

Cuando ocurren accidentes, éstos no esperan. Debe saber qué hacer de inmediato. Los primeros auxilios le enseñan a pensar rápido y a actuar con inteligencia en situaciones de emergencia, como cuando alguien se hace daño o se encuentra mal de repente.

Las sorpresas de la naturaleza

La naturaleza está llena de sorpresas: algunas son asombrosas, como avistar un ciervo, y otras dan un poco de miedo, como ser picado por una abeja o tropezar con una roca. Los primeros auxilios le ayudan a manejar estas sorpresas, ya sea un pequeño rasguño o un problema mayor, como saber qué hacer si se encuentra con un animal salvaje.

Sea un ayudante

Cuando sabe primeros auxilios, puede ser un héroe. Si alguien está herido o en apuros, puede ser usted quien mejore las cosas. Sienta muy bien ayudar a los demás y asegurarse de que están a salvo.

Seguridad con los amigos

Si sale a explorar con sus amigos, no se trata solo de mantenerse a salvo usted, sino también de mantenerlos a salvo a ellos. Los conocimientos de primeros auxilios le ayudarán a cuidar de sus amigos y a asegurarse de que todos disfrutan de una aventura divertida y segura.

Detener pequeños problemas

A veces, un pequeño problema puede convertirse en algo grande si necesita ayuda para saber qué hacer, pero con los primeros auxilios puede evitar que los problemas menores empeoren. Por ejemplo, si se hace un corte, saber cómo limpiarlo y vendarlo puede evitar que se infecte.

Así pues, aprender primeros auxilios en la naturaleza es algo más que saber ponerse una venda. Se trata de prepararse para lo inesperado, ayudar a los demás y asegurarse de tener la mejor aventura posible. Es una habilidad para la vida que le mantiene a usted y a sus amigos a salvo mientras explora el increíble mundo de la naturaleza.

Acceso a lesiones y enfermedades

Paso 1: Mantenga la calma

En cualquier emergencia, lo primero que hay que hacer es mantener la mente clara y tranquila. Respire hondo e intente que no cunda el pánico. Esto le ayudará a pensar con más claridad y a tomar mejores decisiones.

Paso 2: Compruebe si hay peligros

Antes de acercarse a alguien que necesite ayuda, eche un buen vistazo a su alrededor. Asegúrese de que la zona es segura para que entre y evite empeorar una mala situación. Compruebe si hay rocas resbaladizas, arbustos espinosos u otros peligros potenciales. Si no es seguro, no siga adelante. Su seguridad también es esencial.

Paso 3: Evalúe la situación

Acérquese a la persona que necesita ayuda, pero hágalo con cuidado. Si están inconscientes, sacuda suavemente sus hombros y hábleles. Pregunte en voz alta: "¿Se encuentra bien?". Si no responden, se trata de una situación grave. Es el momento de pedir ayuda a un adulto o pedir asistencia si tiene un teléfono.

Paso 4: Haga preguntas

Si la persona está consciente y puede hablar, pregúntele qué ha pasado. "¿Puede decirme qué ha pasado?". Escuche atentamente sus respuestas. Le dará información esencial sobre su estado.

Paso 5: Busque lesiones

Revise cuidadosamente el cuerpo de la persona en busca de lesiones. Busque cortes, rasguños, moratones o cualquier cosa que tenga un aspecto inusual. Cuando encuentre una herida, preste mucha atención. Si hay hemorragia, es prioritario ocuparse de ella. Utilice un paño limpio o un vendaje para detener la hemorragia y proteger la zona.

Paso 6: Compruebe si hay alguna enfermedad

A veces, la gente se siente enferma en la naturaleza. Pueden tener síntomas como mareos, dolor de cabeza, náuseas o calor o frío extremos. Pregúnteles cómo se sienten y qué están experimentando. Busque signos como sudoración, palidez o enrojecimiento de la cara. Estos signos pueden darle pistas sobre lo que puede ir mal.

Paso 7: Priorice los cuidados

Ahora debe decidir qué necesita su atención con mayor urgencia. Recuerde las tres P: Preservar la vida, Prevenir lesiones mayores y Promover la recuperación.

Preservar la vida: Si alguien no respira o su corazón no late, debe iniciar la RCP (si sabe cómo hacerlo) o conseguir que un adulto le ayude inmediatamente. Esto es lo más crítico porque se trata de salvar su vida.

Evite lesiones mayores: Si hay hemorragia, aplique presión para detenerla. Si alguien tiene un hueso roto, intente evitar que se mueva. Asegúrese de que la persona está a salvo de cualquier otro peligro presente en la zona.

Promueva la recuperación: Tras abordar los peligros inmediatos, su siguiente objetivo es mantener a la persona cómoda. Por ejemplo, si tienen frío, proporcióneles una manta. Si tienen sed, ofrézcales agua. Si les duele la cabeza, sugiérales que descansen y respiren hondo.

Paso 8: Consiga ayuda

En situaciones graves, es crucial informar a un adulto y pedir ayuda. Si dispone de teléfono, utilícelo para llamar a los servicios de emergencia o para ponerse en contacto con alguien que pueda ayudarle. Si no hay señal telefónica, envíe a alguien a buscar a un guarda forestal o a otra persona responsable que esté cerca.

Recuerde que es crucial mantenerse dentro de su zona de confort. Si la situación es demasiado grande o arriesgada para que usted pueda manejarla, busque a un adulto y deje que se haga cargo. Saber cómo evaluar lesiones y enfermedades en la naturaleza es como convertirse en un héroe de la vida real y en un detective de la naturaleza. Usted reúne pistas, toma decisiones sabias y ayuda a los necesitados. Estas habilidades hacen que sus aventuras al aire libre sean más seguras y agradables para todos los implicados.

Suministros de primeros auxilios que debe incluir

Un botiquín de bushcraft bien preparado debe incluir suministros esenciales de primeros auxilios para tratar las lesiones y dolencias comunes en la naturaleza. He aquí una lista de suministros básicos de primeros auxilios para su botiquín de bushcraft:

Vendas adhesivas

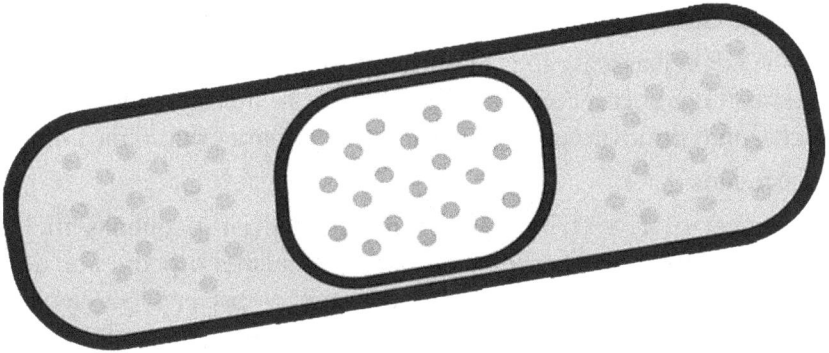

A menudo se llaman "tiritas", pequeñas tiras adhesivas con un centro acolchado. Cubren y protegen pequeñas heridas como cortes, ampollas o abrasiones. Existen diferentes tamaños para adaptarse a las dimensiones y localización de la herida.

Gasas estériles

Las compresas de gasa están hechas de tejido estéril para vendar heridas más grandes, quemaduras o cortes profundos. Mantienen limpia la herida y ayudan a prevenir infecciones. Los rollos de gasa se utilizan para fijar los apósitos en su sitio, especialmente para envolver o cubrir heridas más grandes.

Cinta médica

La cinta médica es una cinta adhesiva especial diseñada para aplicaciones médicas. Se utiliza para fijar gasas, vendas u otros apósitos en su sitio, asegurando que permanezcan limpios y firmemente adheridos a la piel.

Toallitas o solución antiséptica

Las toallitas o soluciones contienen desinfectantes para limpiar heridas y prevenir infecciones. Al limpiar la zona alrededor de un corte o rasguño se reduce el riesgo de que entren bacterias nocivas en la herida, lo que favorece una curación más rápida.

Tijeras y pinzas

Se utilizan para cortar cinta médica, ropa o vendas a la longitud deseada. Las pinzas se utilizan para extraer con seguridad y precisión astillas, espinas u otros objetos extraños de las heridas sin utilizar los dedos, que pueden introducir infecciones.

Venda elástica

Las vendas elásticas son elásticas y sujetan las extremidades con torceduras o esguinces, como los tobillos o las muñecas. Ayudan a reducir la hinchazón e inmovilizan las zonas lesionadas para evitar daños mayores.

Analgésicos

El paracetamol o el ibuprofeno pueden aliviar pequeñas molestias causadas por dolores de cabeza, dolores musculares o pequeños dolores provocados por lesiones. Pueden hacer que el paciente se sienta más cómodo.

Antihistamínicos (para reacciones alérgicas)

Los antihistamínicos, a menudo disponibles en forma de pastillas o cremas, se utilizan para controlar las reacciones alérgicas, las picaduras de insectos o los síntomas alérgicos leves. Actúan reduciendo el picor y la hinchazón asociados a las alergias.

Bastoncillos de algodón

Las bolas de algodón y los bastoncillos son versátiles y pueden utilizarse para diversas tareas médicas, como limpiar heridas, aplicar pomadas o cremas, o ayudar con la higiene sobre el terreno.

Termómetro

Un termómetro es un dispositivo para medir la temperatura corporal. Una temperatura elevada puede indicar fiebre o enfermedad, algo esencial de vigilar en la naturaleza.

Pinzas

Las pinzas son instrumentos de precisión de punta fina para extraer con seguridad astillas, espinas u otros objetos extraños incrustados en la piel. Debe mantenerlas limpias y estériles.

Manta de emergencia

Una manta de emergencia, o manta espacial, es una sábana compacta, ligera y reflectante que ayuda a retener el calor corporal. Puede proporcionar calor y cobijo en casos de exposición o shock.

Torniquete (para hemorragias graves)

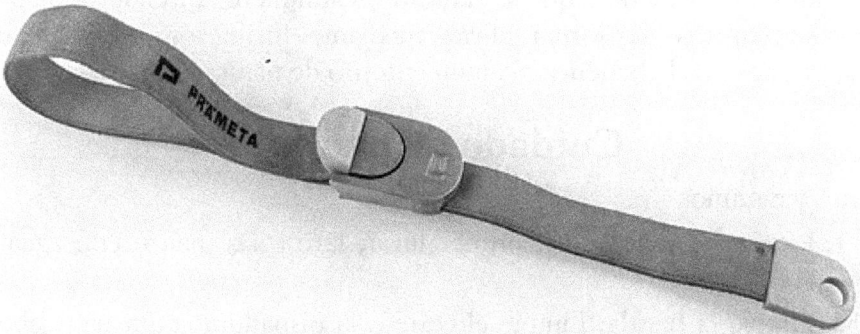

Un torniquete solo debe utilizarse en casos extremos cuando otros medios no puedan controlar una hemorragia grave"

Un torniquete debe utilizarse solo en casos extremos cuando otros medios no puedan controlar una hemorragia grave. Es necesario un entrenamiento adecuado para evitar complicaciones al aplicar un torniquete.

Jabón limpiador o desinfectante de manos

Una higiene adecuada de las manos evita la contaminación de las heridas y el equipo. Utilice jabón limpiador o desinfectante de manos antes de tratar las heridas para reducir el riesgo de infección.

Manual o guía de primeros auxilios

Un manual de primeros auxilios proporciona instrucciones detalladas sobre la administración de primeros auxilios en diversas situaciones. Tenga uno consigo por si se encuentra con heridas o problemas médicos desconocidos.

Información de contactos de emergencia

Incluya una lista de contactos de emergencia, como familiares, amigos o guardas del parque. Esta información es vital si usted o su grupo necesitan ayuda en una emergencia en la naturaleza.

Medicamentos recetados (si son necesarios)

Si usted o alguien de su grupo necesita medicamentos recetados para una afección médica, asegúrese de que estos medicamentos estén incluidos en su botiquín de primeros auxilios.

Recuerde que su botiquín de primeros auxilios bushcraft debe personalizarse en función de las necesidades específicas de su aventura y del número de personas de su grupo. Compruebe y reponga regularmente los suministros a medida que se utilicen o caduquen. Aprender a utilizar estos suministros de forma eficaz mediante formación o cursos de primeros auxilios le beneficiará en un entorno de naturaleza salvaje.

Cuidado de heridas

Cortes y rasguños

1. **Lávese las manos:** En primer lugar, lávese las manos con agua y jabón.

2. **Limpie la herida:** Limpie el corte o la raspadura con agua y jabón suave. Utilice un paño limpio o una gasa.

3. **Detenga la hemorragia:** Si sangra, presione con firmeza un paño limpio o una venda sobre la herida durante unos minutos hasta que deje de sangrar.

4. **Aplique un antiséptico:** Ponga un poco de antiséptico en un algodón y aplíquelo suavemente sobre la herida.

5. **Cubra con un vendaje:** Coloque una tirita o una gasa estéril sobre la herida y utilice esparadrapo médico para mantenerla en su sitio.

Quemaduras

1. **Enfríe la quemadura:** Deje correr agua fría sobre la quemadura durante unos 10 minutos para enfriarla. No utilice hielo.

2. **Cubra con gasas:** Cubra la quemadura con una gasa estéril o un paño limpio después de enfriarla.

3. **Eleve:** Manténgala elevada para reducir la hinchazón si se trata de una quemadura en un brazo o una pierna.

4. **No reviente las ampollas:** Si ve ampollas, no las reviente. Protegen la quemadura.

Esguinces y torceduras

1. **Descanse:** No lo utilice si se lesiona una articulación o un músculo. El reposo es crucial.

2. **Hielo:** Póngase una bolsa de hielo (un paño con hielo en su interior) en la zona durante 15-20 minutos cada hora.

3. **Compresión:** Utilice una venda elástica para envolver suavemente la zona lesionada y reducir la hinchazón.

4. Eleve: Eleve la extremidad lesionada hasta el nivel del corazón, como poner una almohada bajo el tobillo.

Mordeduras y picaduras

Si le pica una abeja, raspe con cuidado el aguijón con la uña o con una tarjeta de crédito.

1. **Lávese con jabón:** Lave la zona de la picadura o mordedura con agua y jabón.

2. **Compresa fría:** Coloque una compresa fría sobre la mordedura o picadura para aliviar el dolor y la hinchazón.

3. **Analgésico:** Si le duele, puede tomar un analgésico según las indicaciones.

Reacciones alérgicas

1. **Mantenga la calma:** Si tiene una alergia y empieza a sentirse mal, mantenga la calma y dígaselo a un adulto.

2. **Utilice un EpiPen:** Si tiene uno, utilice un EpiPen siguiendo las instrucciones. Pida ayuda a un adulto.

3. **Llame al 911:** Pida a alguien que llame inmediatamente al 911 para obtener más ayuda.

Deshidratación

1. **Beba agua:** Cuando tenga calor o esté sudando, beba agua, aunque no tenga sed.

2. **Descanse a la sombra:** Busque algo de sombra para descansar si siente demasiado calor.

3. **Refrésquese:** Utilice un paño húmedo en la cara y el cuello para refrescarse.

Hipotermia

1. **Abríguese:** Si hace frío y está temblando, métase en un refugio o póngase ropa seca y cálida.

2. **Cúbrase:** Utilice una manta o un saco de dormir para mantenerse caliente.

RCP básica

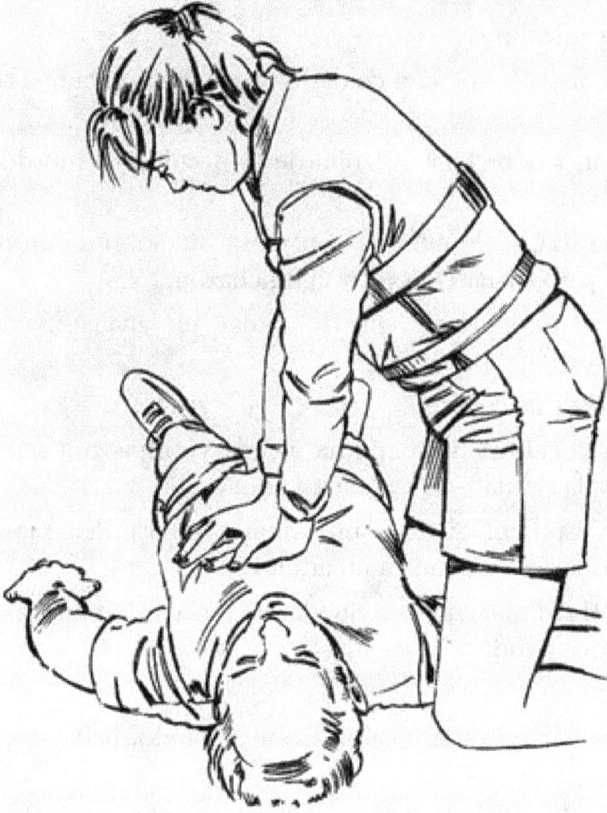

Si sabe cómo hacerlo, inicie la RCP (compresiones torácicas y respiraciones de rescate) hasta que llegue la ayuda"

1. **Compruebe si respira:** Toque a la persona y pregúntele en voz alta: "¿Estás bien?". Compruebe si respira.

2. **Pida ayuda:** Si no respiran, llame a gritos a un adulto y llame al 911.

3. **Inicie la RCP:** Si sabe cómo hacerlo, inicie la RCP (compresiones torácicas y respiraciones de rescate) hasta que llegue la ayuda.

Respiración artificial de rescate

1. **Abra las vías respiratorias:** Incline la cabeza de la persona hacia atrás para abrirle las vías respiratorias.

2. **Respire por ellos:** Pellízqueles la nariz y deles dos respiraciones de rescate, observando cómo se eleva su pecho.

3. Continúe con la RCP: Si no respiran, inicie la RCP (30 compresiones torácicas y 2 respiraciones artificiales de rescate).

Intente siempre encontrar a un adulto o llame al 911 si alguien está gravemente herido o enfermo. Estos sencillos pasos pueden ayudarle a cuidar de sí mismo o de sus amigos mientras disfruta de aventuras al aire libre.

Sección 8: Habilidades para encontrar comida

Ser capaz de cazar, atrapar y recolectar alimentos en la naturaleza le capacitará y profundizará su comprensión del mundo natural. Estas técnicas de supervivencia son apasionantes y educativas. Aprenderá a localizar, atrapar y recolectar alimentos en la naturaleza, fomentando el ingenio y una profunda conexión con el medio ambiente. Así que prepárese para sumergirse en la naturaleza y descubrir estas habilidades intemporales que le acompañarán para siempre.

Conocer la flora y la fauna locales

Quizá se pregunte por qué es increíble conocer las plantas y los animales de la zona en la que vive. Es como tener un país de las maravillas naturales en la puerta de casa, esperando a ser explorado y apreciado. Llega a descubrir cómo encaja todo en su entorno y las especies dominantes en el hábitat circundante. ¿Se ha preguntado alguna vez cómo encuentran comida los pájaros, dónde les gusta pasar el rato a las ranas o qué plantas puede comer sin peligro? Estas son las preguntas que la exploración de su flora y fauna locales puede ayudarle a responder.

Con la exploración, descubrirá que muchas plantas son algo más que una forma de la naturaleza de añadir follaje al entorno. En la antigüedad, toda la medicina estaba hecha de elementos naturales, incluidas las plantas medicinales, que aportaban montones de beneficios para la salud. Cuanto más explore, más entenderá sobre la búsqueda de los alimentos adecuados. Imagínese recoger bayas silvestres de una ruta de senderismo en las montañas y consumirlas porque sabe que son perfectamente seguras.

Pero no se trata solo de ciencia y supervivencia, sino también de conectar con las tradiciones de su comunidad. Los distintos lugares tienen formas únicas de hacer las cosas, y explorando su flora y fauna locales, puede conocer las tradiciones transmitidas de generación en generación. Investigue las plantas y los animales de su zona para tener una perspectiva clara del ecosistema que le rodea. Le sorprenderá saber que las plantas que creía inútiles tienen propiedades beneficiosas para la salud cuando se forrajean y consumen correctamente.

La caza y la captura con trampas son métodos tradicionales de obtención de fauna silvestre para obtener alimentos y otros recursos que se han practicado durante siglos. Sin embargo, en el mundo moderno, ciertas normas de caza y captura se consideran ilegales solo para conservar el ecosistema y promover el bienestar de los animales.

Estas técnicas han evolucionado con el tiempo y hoy en día abarcan muchos métodos y herramientas. Algunos métodos son muy avanzados y utilizan equipos modernos, mientras que otros son más primitivos y se basan en herramientas y habilidades básicas. Aquí explorará diversas técnicas de caza y captura, incluyendo tanto los métodos modernos como los primitivos:

Técnicas modernas de caza

Armas de fuego: Las armas de fuego, como los rifles y las escopetas, son las herramientas más utilizadas para cazar hoy en día. Son precisas y potentes, lo que permite a los cazadores abatir objetivos a distancia.

Caza con arco: La caza con arco consiste en utilizar arcos y flechas. Los arcos compuestos y las ballestas son opciones populares. Este método requiere un alto nivel de habilidad debido a la necesidad de precisión y a un corto alcance efectivo.

Armas de pólvora negra: Las armas de avancarga y otras armas de fuego de pólvora negra proporcionan una experiencia de caza más tradicional. Son más lentas de recargar, pero ofrecen una sensación de historia y desafío.

Ballestas: Las ballestas son una variante moderna del arco y la flecha, conocidas por su precisión y potencia. Son populares entre los cazadores que aprecian la sensación del tiro con arco tradicional.

Exploración: El éxito de la caza suele comenzar con la exploración de la zona. Los cazadores buscan señales de caza, como huellas, excrementos y zonas de alimentación. Es crucial conocer el terreno, la vegetación y las pautas meteorológicas locales.

Técnicas de caza primitivas

Trampas: Los lazos son herramientas primitivas sencillas pero eficaces utilizadas para atrapar animales. Consisten en una cuerda en bucle o un alambre colocado a lo largo de los senderos o caminos de los animales. Cuando un animal pasa por ellos, el lazo se tensa alrededor de su cuerpo, reteniéndolo.

Trampas muertas: Las trampas muertas son dispositivos básicos de captura en los que se coloca un objeto pesado y, cuando un animal lo acciona, el peso cae y aplasta o atrapa al animal.

Trampas jaula: Las trampas jaula son más humanas y capturan a los animales sin dañarlos. Los tramperos liberan entonces al animal capturado en un momento posterior.

Trampas de sujeción con patas: Las trampas de sujeción por el pie están diseñadas para sujetar la pata del animal cuando pisa la trampa. Esto permite al trampero acercarse y despachar humanitariamente al animal.

Átlatl: El átlatl es un arma primitiva para lanzar lanzas con más fuerza y precisión. Prolonga la longitud del brazo del cazador, proporcionándole una ventaja mecánica.

Cerbatana: Las cerbatanas son una herramienta utilizada para la caza silenciosa de caza menor y aves. El cazador sopla a través del tubo para propulsar pequeños dardos, normalmente envenenados, hacia el objetivo.

Recuerde que la caza y la captura deben realizarse siempre de forma ética y respetando la fauna y la normativa local. La sostenibilidad y las prácticas responsables protegen tanto el medio ambiente como a los animales que usted tiene como objetivo. Además, si planea dedicarse a estas actividades, considere la posibilidad de realizar cursos o aprender de personas experimentadas para garantizar prácticas seguras y humanas.

Habilidades esenciales para la pesca

Espere a que el pez pique, luego ponga el anzuelo sacudiendo rápidamente la caña hacia arriba cuando sienta un tirón[46]

Pesca con caña

Necesitará una caña de pescar, un carrete, sedal y varios anzuelos, cebos y señuelos para pescar con caña. Elija el aparejo apropiado para el tipo de pez al que se dirige. Lance el sedal al agua, dejando que su cebo o señuelo flote, se hunda o nade a distintas profundidades. Utilice diferentes técnicas de lanzado, como el lanzado por encima de la cabeza o el lanzado lateral, en función de su objetivo y del entorno.

La pesca con caña requiere paciencia. Espere a que el pez pique y lance el anzuelo tirando rápidamente de la caña hacia arriba cuando sienta un tirón. Una vez que haya enganchado un pez, juegue con él enrollándolo y dejando que se canse. Utilice la caña para controlar los movimientos del pez y evitar que se escape.

Calar líneas

Limblines y Juglines: Son métodos de pesca pasivos. Fije anzuelos cebados a líneas sujetas a objetos flotantes como jarras o ramas de árboles. Sumérjalos en el agua y compruebe periódicamente si ha capturado algún pez.

Trotlines: Las trotlines son líneas más largas con varios anzuelos cebados. Se anclan en el lugar y pueden calarse durante la noche. Revíselas con regularidad para recuperar cualquier pez capturado.

Trampas para peces

Redes de aro: Las redes de aro son redes cilíndricas con una entrada que conduce a una cámara central cebada. Los peces nadan dentro, pero les cuesta encontrar la salida.

Trampas embudo: Estas trampas tienen una entrada en forma de embudo que conduce a una cámara cebada. Una vez que los peces entran, les resulta difícil salir.

Pesca submarina

La pesca submarina requiere un arpón o una pértiga con una punta afilada, una máscara y un tubo para ver bajo el agua. Un traje de neopreno le mantendrá caliente y le proporcionará flotabilidad. Acérquese al pez con cuidado y paciencia. Dé una estocada rápida y precisa con su arpón cuando se acerque.

Pesca en hielo

La pesca en hielo consiste en pescar a través de un agujero en el hielo. Necesitará una barrena para hielo, una caña para pescar en hielo y ropa de abrigo para crear el agujero. Los cebos más populares para la pesca en el hielo son las lombrices, los pececillos y las plantillas.

Pesca con mosca

La pesca con mosca utiliza una caña ligera, un carrete y líneas especializadas. Las "moscas" suelen ser señuelos artificiales hechos de plumas y otros materiales. El lanzado con mosca es una técnica única y elegante. Tendrá que practicar el arte del lanzado para que la mosca aterrice suavemente en la superficie del agua.

Uso de buscadores de peces

Los buscadores de peces modernos utilizan la tecnología del sonar para localizar a los peces en el agua. Aprenda a leer la pantalla para identificar los peces y su profundidad.

Recuerde consultar la normativa local sobre pesca y obtener los permisos o licencias necesarios. Respete los límites de capturas y practique la captura y suelta cuando sea necesario para mantener poblaciones de peces sanas. La pesca no es solo una habilidad; es también una oportunidad para conectar con la naturaleza y disfrutar del aire libre.

Habilidades de rastreo

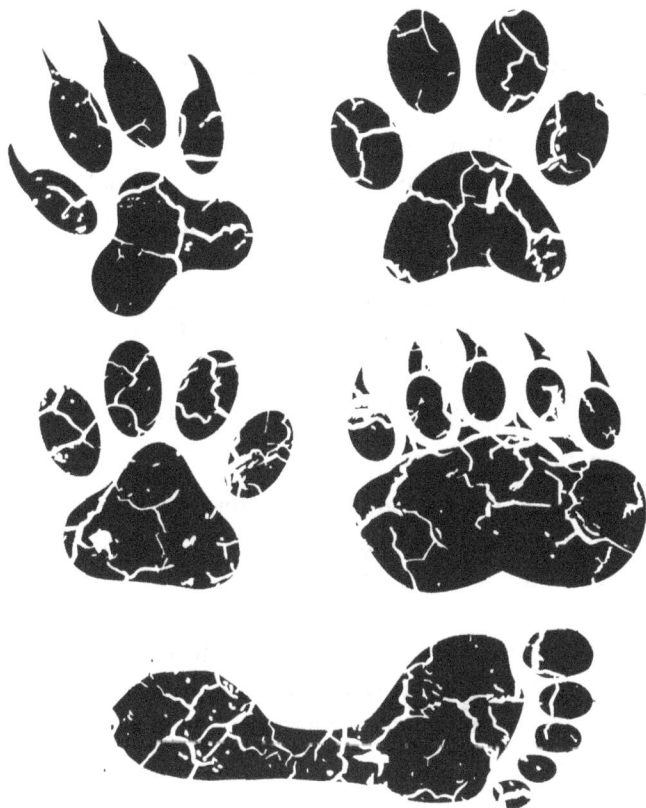

Huellas de animales: Busque huellas de animales en el barro, la arena o la nieve. Estas huellas pueden indicarle quién pasó por allí y cuándo.

Excrementos de animales: Sí, ¡los excrementos de los animales pueden decirle mucho! Puede mostrarle lo que comen los animales y su tamaño.

Señales de alimentación: Busque plantas mordisqueadas o corteza de árbol masticada. Son como migas de pan que le conducen a posibles fuentes de alimento.

Huellas y rastros: Siga el rastro de las huellas para ver dónde ha estado un animal y hacia dónde podría dirigirse.

Habilidades de observación

Silencio y paciencia: A los animales no les gustan las interrupciones ruidosas, por lo que ser silencioso y paciente le ayudará a verlos comportarse con naturalidad.

Prismáticos y cámaras: Utilice prismáticos o una cámara para ver de cerca sin asustar a los animales.

Guías de campo: Tenga a mano libros para identificar las plantas y los animales de su zona.

Escuchar: Preste atención a los sonidos que le rodean. El piar de los pájaros o el susurro de las hojas podrían revelarle animales ocultos.

Al aprender habilidades de rastreo y observación, se convertirá en un detective de la vida salvaje, descubriendo los secretos de la naturaleza. Estas habilidades le ayudarán a comprender el mundo natural y harán que sus aventuras al aire libre sean más emocionantes.

Consejos para la caza

Técnicas de acecho

Muévase en silencio y con cautela, manteniendo un perfil bajo. Los movimientos lentos y deliberados son la clave para evitar sobresaltar a los animales de caza. Aproveche la cobertura natural como rocas, árboles y arbustos. Utilícelos para romper su silueta y ocultarse de la vista de su presa. Preste atención al viento. Manténgalo de cara para que su olor se aleje de los animales que persigue. Los animales dependen en gran medida de su sentido del olfato. Evite hacer ruidos innecesarios, como pisar hojas secas o hacer crujir ramitas. Camine suavemente y pise con cuidado.

Camuflaje

Elija ropa de camuflaje que se adapte al entorno en el que vaya a cazar. Esto le ayudará a mimetizarse con el entorno. Camufle su cara y sus manos con pintura o una máscara para reducir la posibilidad de ser descubierto. Equípese con equipo de camuflaje, incluidos sombreros, guantes e incluso una mochila.

Conocimiento del comportamiento de la caza

Debe conocer los hábitos y el comportamiento de los animales de caza que vaya a cazar. Estudie sus pautas de alimentación, rituales de apareamiento y hábitats preferidos. Cace cuando su especie objetivo esté más activa, normalmente durante el amanecer y el atardecer. Muchos animales son más activos durante estos periodos de poca luz. Aprenda a utilizar reclamos o señuelos para atraer o llamar a los animales. Esto puede ser especialmente eficaz para especies como las aves acuáticas o los pavos.

Exploración

Antes de la cacería, explore la zona de caza para identificar los rastros de caza, las zonas de alimentación y los lugares donde se acuestan los animales. Coloque cámaras de rastreo para captar imágenes de la actividad de la fauna salvaje en la zona. Esto le ayudará a conocer los movimientos y el ritmo de la caza.

Seguridad y preparación

Dé prioridad a la seguridad siguiendo siempre las normas de seguridad de las armas de fuego y llevando el equipo de seguridad adecuado, como ropa de color naranja intenso, para ser visible para los demás cazadores. Practicar tiro al blanco con regularidad y familiarizarse con su arma le garantizarán un disparo preciso.

Paciencia

La caza requiere mucha paciencia. Permanezca quieto y en silencio durante largos periodos mientras espera su oportunidad.

Consideraciones éticas

Practique la caza selectiva apuntando a animales maduros para conseguir una población de fauna salvaje sana y sostenible. Respete la vida salvaje realizando solo disparos éticos y asegurándose de que la muerte sea rápida y humanitaria.

Recuerde que la caza debe realizarse siempre de forma ética y conforme a las leyes y reglamentos de caza locales. Una caza exitosa consiste en abatir piezas, disfrutar del aire libre y respetar el mundo natural.

Cocinar los alimentos con seguridad

Los métodos de cocina seguros y las prácticas adecuadas de manipulación de alimentos en la naturaleza evitan las enfermedades transmitidas por los alimentos y garantizan una aventura segura al aire libre. He aquí algunas pautas necesarias.

Métodos de cocina seguros

Cocinar sobre un fuego

- Utilice una hoguera o un hornillo portátil para cocinar. Asegúrese de que el fuego está completamente apagado después de usarlo.

- Controle el calor ajustando la distancia entre sus utensilios de cocina y las llamas.

- Utilice un termómetro de carne para asegurarse de que la carne se cocina a una temperatura segura (por ejemplo, las aves a 165 °F o 74 °C, y la carne picada a 160 °F o 71 °C).

- Hervir el agua.

- Hervir el agua durante al menos un minuto es una de las formas más eficaces de purificarla, haciéndola segura para cocinar o beber.

- Lleve consigo un sistema fiable de purificación del agua, como filtros de agua o pastillas purificadoras, si necesita aclarar la seguridad de la fuente de agua.

- Utilice utensilios limpios.

- Limpie los utensilios de cocina y la batería de cocina frotándolos con agua y jabón biodegradable. Aclárelos a fondo.

- Evite la contaminación cruzada utilizando tablas de cortar y utensilios distintos para los alimentos crudos y los cocinados.

Prácticas de manipulación de alimentos

Higiene de las manos

- Lávese las manos con agua limpia y jabón antes de manipular alimentos, especialmente después de ir al baño o de manipular carne cruda.

- Lleve desinfectante de manos para situaciones en las que no disponga de agua y jabón.

- Almacenamiento de alimentos.

- Utilice recipientes herméticos y resistentes a los animales o botes para osos para almacenar los alimentos. Cuelgue los alimentos en bolsas para osos si es necesario en zonas propensas a los osos.

- Guarde los alimentos perecederos en una nevera con bolsas de hielo para mantener temperaturas seguras.

Separación de alimentos

- Mantenga la carne, las aves y el marisco crudos separados de otros alimentos para evitar la contaminación cruzada.

- Utilice bolsas o recipientes de plástico sellados para evitar que los jugos de la carne cruda se filtren a otros artículos de su mochila.
- Superficies de preparación limpias.
- Utilice una superficie limpia y plana para preparar los alimentos. Puede utilizar una tabla de cortar portátil o una roca limpia y plana.
- Evite utilizar superficies que puedan haber sido contaminadas por animales o productos químicos.
- Inspección de los alimentos.
- Inspeccione todos los alimentos en busca de signos de deterioro o daños antes de consumirlos.
- Deseche cualquier alimento enlatado con abolladuras, fugas o abultamientos visibles.

Fuentes de agua seguras

- Utilice siempre agua purificada o hervida para preparar los alimentos.
- Evite utilizar agua de fuentes que puedan estar contaminadas, como charcos estancados o agua corriente abajo procedente de la actividad humana.

Enfriar las sobras

- Enfríe rápidamente las sobras a temperaturas seguras (por debajo de 40 °F o 4 °C) y guárdelas en una nevera.
- Recaliente las sobras a una temperatura alta antes de consumirlas.
- Eliminación de residuos.
- Deshágase de los restos de comida de forma adecuada envasándolos en bolsas selladas. Dejar restos de comida en la naturaleza puede atraer a la fauna salvaje.

Practicar métodos de cocina seguros y prácticas de manipulación de alimentos en la naturaleza es crucial para prevenir enfermedades transmitidas por los alimentos y mantener una experiencia saludable y agradable al aire libre. Siga siempre los principios de "no dejar rastro" y la normativa local para el almacenamiento de alimentos y la eliminación de residuos en zonas naturales.

Sección 9: Habilidades y consejos adicionales de Bushcraft

Esta sección final proporciona habilidades, consejos y trucos adicionales para realizar prácticas de bushcraft seguras y eficaces. Están diseñados para que pase de dominar las habilidades fundamentales a convertirse en un practicante más avanzado que pueda manejar diversos escenarios y desafíos en la naturaleza.

Habilidades avanzadas de supervivencia

Señalización

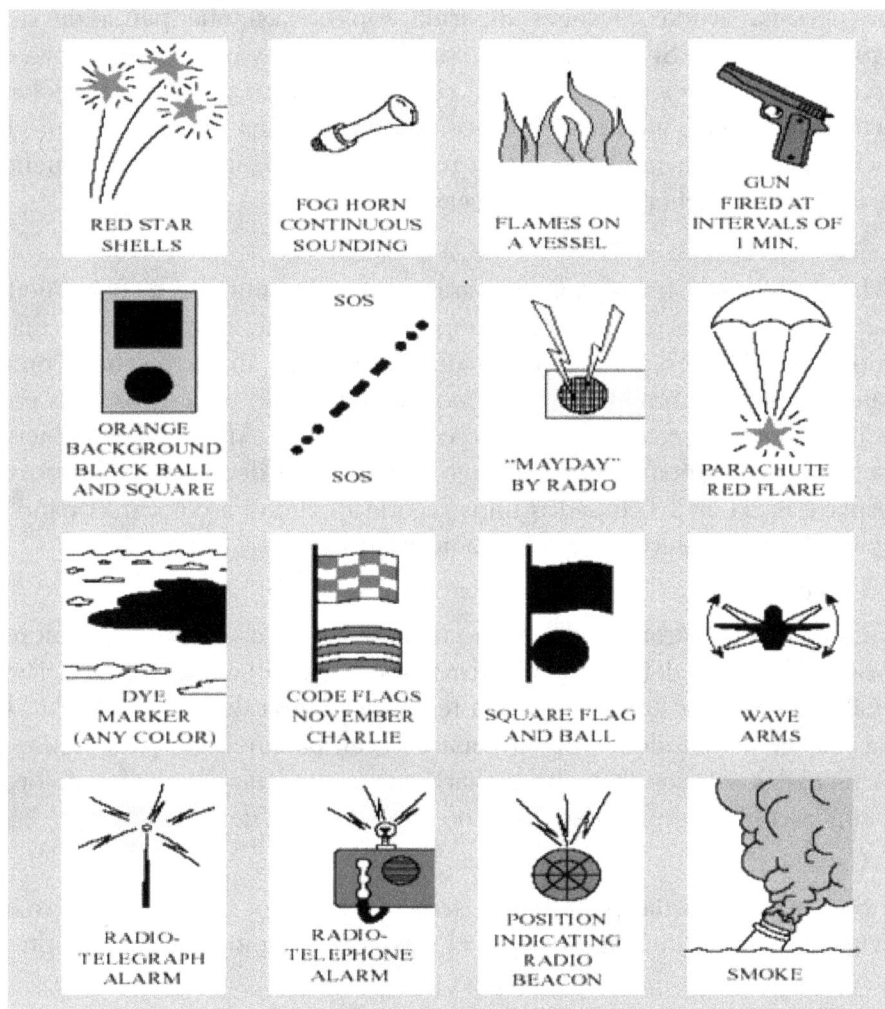

RED STAR SHELLS	FOG HORN CONTINUOUS SOUNDING	FLAMES ON A VESSEL	GUN FIRED AT INTERVALS OF 1 MIN.
ORANGE BACKGROUND BLACK BALL AND SQUARE	SOS / SOS	"MAYDAY" BY RADIO	PARACHUTE RED FLARE
DYE MARKER (ANY COLOR)	CODE FLAGS NOVEMBER CHARLIE	SQUARE FLAG AND BALL	WAVE ARMS
RADIO-TELEGRAPH ALARM	RADIO-TELEPHONE ALARM	POSITION INDICATING RADIO BEACON	SMOKE

Conocer las señales de socorro y los métodos de comunicación puede ser un salvavidas en la naturaleza salvaje[48]

Conocer las señales de socorro y los métodos de comunicación puede ser un salvavidas en las zonas salvajes. Si no tiene acceso a una radio o un teléfono, le serán útiles sus manos, un trozo de tela, humo y otros objetos. Por ejemplo, utilizar un silbato (un artículo muy recomendable en su lista de equipo para aventuras al aire libre) es una forma estupenda de señalar socorro o alertar a la fauna de su presencia.

Silbato o linterna

El soplo de un silbato es un sonido poco habitual en la naturaleza, y utilizarlo tres veces es una forma segura de hacer entender a los demás que necesita ayuda. Después de cada soplo, haga una pausa de dos segundos y repita. Si hay alguien cerca, se detendrá y escuchará. Repita el método de los tres golpes varias veces para asegurarse de que le han escuchado. Puede utilizar el mismo método con una linterna durante la noche. Enciéndala (manteniéndola recta delante de usted o ligeramente hacia arriba), apáguela, vuelva a encenderla y repita.

Humo

Las señales de humo son una gran alternativa durante el día. Puede hacer una hoguera o utilizar el humo del fuego que utilizó para cocinar, limpiar, etc. Necesitará un humo denso, así que añada hierba y otras plantas verdes. Cubra el fuego que no esté utilizando para otros fines con un paño húmedo cuando el humo se vuelva denso. Mantenga la cubierta puesta durante unos segundos, luego retírela para dejar que el humo se desplace hacia arriba. Pasados unos segundos, vuelva a colocar el paño y repita los pasos anteriores según sea necesario.

Uso de la tela

Dado que destacan en el entorno natural, las piezas de ropa de colores vivos también pueden ser una alternativa para crear señales visibles. Para señalar socorro, sostenga y agite la tela por encima de su cabeza. Ate la tela más arriba alrededor de su zona de acampada/refugio para alertar a los animales salvajes. Esto funcionará en un entorno donde los colores sean perceptibles desde lejos, pero no en un bosque denso.

Gritar o chillar

Si no tiene nada para hacer señales, gritar o chillar a intervalos regulares también ayuda. Aplique el mismo principio que con los otros métodos. Deje salir un sonido fuerte, pare y repita según sea necesario.

Espejos

Incline un espejo para que capte la luz del sol y diríjalo de forma que el reflejo vaya hacia arriba, facilitando la visión a los rescatadores. Utilice este método de la misma forma que lo haría con un silbato. Envíe una señal de reflejo durante uno o dos segundos, cúbralo y repítalo dos veces más. Espere unos segundos, envíe otras tres señales y repita durante el tiempo que sea necesario.

Habilidades de concienciación sobre la vida salvaje

Antes de embarcarse en una aventura al aire libre, infórmese sobre la fauna local y su comportamiento. ¿Sabe qué animales viven allí y dónde viven? ¿Sabe qué comen y cómo actúan cuando se sienten amenazados? Si no es así, infórmese. Le ayudará a comprender los peligros a los que se enfrentará en esa zona específica para que pueda prepararse adecuadamente para ellos.

Además de utilizarlos como alimento, deberá a la fauna salvaje. Esto garantiza su seguridad y también el bienestar de los animales. Respete su espacio y obsérvelos solo desde una distancia segura. Si se los encuentra de improviso, mantenga la calma y no se acerque a ellos. Empiece a alejarse de ellos y déjeles espacio para que puedan hacer lo mismo. Si se vuelven agresivos, no se mueva, pero empiece a hacer ruido. Cuando se desplace a una zona nueva, haga ruidos para alertarles de su presencia y evitar asustarles. Además de almacenar sus alimentos de forma segura (idealmente en botes que pueda colgar y lejos de su zona de descanso), también es una buena idea deshacerse de sus restos de agua y comida de forma segura. Dejar rastro atraería a los animales.

Habilidades de identificación

Además de identificar las huellas de los animales que quiera cazar y las plantas venenosas para evitar contratiempos en la búsqueda de comida, necesitará otras habilidades de identificación como saber recoger madera para distintos fines. Por ejemplo, las maderas blandas como el pino funcionan mejor para encender un fuego, mientras que las maderas duras son más duraderas y pueden utilizarse para construir un refugio o mantener un fuego durante mucho tiempo.

Habilidades de preparación y almacenamiento

Saber preparar adecuadamente los alimentos le permitirá almacenarlos de forma segura. Comprender cómo almacenarla le ayudará a ocultarla de los animales salvajes para no atraerlos. Sin embargo, elegir el espacio de almacenamiento para su comida puede ser todo un reto en la naturaleza salvaje. Además de colgarla, asegúrese de que la comida se mantiene también en un lugar seco y fresco. Cuelgue su comida en un recipiente hermético a la sombra (donde las temperaturas no superen los 90 grados en verano y los 30 en invierno). Esté atento a las plagas y manténgalas alejadas de su comida y de su agua.

Utilizar pegamento

Embalar ligero es esencial cuando se va a una aventura al aire libre, y puede que solo tenga uno de cada artículo de almacenamiento, como una botella de agua. ¿Qué ocurre si su fiel botella de agua se rompe? ¿Y si su tienda de campaña resulta dañada por las inclemencias del tiempo? Estas son situaciones clásicas en las que saber utilizar pegamento (uno fuerte, no el que se usa para los proyectos escolares) le resultará útil.

He aquí algunos consejos para utilizar el pegamento:

- Practique (al principio bajo la supervisión de un adulto) utilizando diferentes materiales y pegamentos fuertes.

- Ejerza presión sobre el objeto pegado y busque grietas y fisuras para determinar si la unión se mantendrá.

- Si pega un objeto que ya ha sido pegado antes en el mismo lugar o que tiene una superficie irregular, tendrá que lijar primero la superficie para que el pegamento se adhiera.

- Aplique los pegamentos fuertes con su aplicador o con un elemento que tenga a mano (un trozo de tela, por ejemplo) y nunca con las manos.

- Sujete con abrazaderas las dos superficies para crear una unión más fuerte y hacer que el proceso sea más rápido.

- Lea las instrucciones del adhesivo relativas a los tiempos de curado y secado (la etiqueta debe indicar cuándo está seco al tacto y cuándo puede utilizar el artículo con seguridad).

- Aprenda qué pegamento funciona mejor con qué material (independientemente de la etiqueta, algunos pegamentos funcionan mejor con unos materiales que con otros).

También puede fabricar pegamento con materiales que encuentre en la naturaleza, como savia de árbol, resina, cera, corteza o miel. Busque savia o resina cerca de pinos, abetos o píceas heridos. También puede utilizar corteza de sauce y abedul. El material líquido como la savia puede utilizarse inmediatamente después de extraerlo del árbol, cortando ligeramente en el lugar donde vea salir el líquido de una herida. Si utiliza material duro como resina o corteza, trocéelo en pedacitos, mézclelo con agua (1 parte de material vegetal, 2 partes de agua), llévelo a ebullición en una olla y cuézalo a fuego lento hasta que espese (unos 30 minutos).

Consejos adicionales de Bushcraft

Mantenerse entretenido

Si está acostumbrado a entretenerse con artilugios o a pasar el rato con amigos en una zona urbana ajetreada, se sorprenderá de lo aburrido que se sentirá en la naturaleza. Es tranquilo, y si sale con un grupo más grande, todas las tareas se harán en un santiamén, por lo que tendrá mucho tiempo libre. La buena noticia es que mantenerse entretenido es una habilidad que puede aprender con la práctica. Además, cuanto mayor sea su grupo, mayores serán las posibilidades de que alguien idee un plan para hacer participar a todo el mundo y convertir su aventura en una experiencia divertida. Piense en lo que podría hacer que no implique aparatos electrónicos o hacer ruidos fuertes. Los juegos que no requieran mucho equipo y los horarios de búsqueda (de animales y plantas sobre los que haya leído previamente) son grandes opciones.

Haga que la práctica sea divertida

Todo es más fácil de aprender si hace que practicarlo sea divertido. Por ejemplo, puede convertir la práctica de identificar piedras en algo más, como un concurso de lanzamiento de piedras. Cuando busque leña, podría enumerar otros fines para lo que ha recogido (como hacer un refugio, utilizar un palo afilado para arponear peces, etc.).

Trabaje su conciencia

Moverse con sigilo, paciencia y conciencia de la situación son dos habilidades cruciales que necesitará en la naturaleza salvaje. Por un lado, tendrá que moverse de forma que haga el menor ruido posible. Por otro, deberá saber cuándo detenerse y estar atento a las señales de la vida salvaje. También le enseñará a esperar pacientemente y en silencio. Puede practicar esto escuchando cómo se mueven los demás por la casa o al aire libre cuando no haya otros ruidos alrededor.

Acostúmbrese a dormir en lugares inusuales

Si está acostumbrado a dormir en una habitación oscura en una cama cómoda, en la naturaleza, cada pequeño ruido o signo de incomodidad le despertará. Puede hacer que su refugio sea lo más confortable posible utilizando los materiales adecuados, pero aun así tendrá que aprender a dormir con los sonidos de la naturaleza y estando un poco incómodo (como cuando la zona donde duerme es un poco más cálida de lo habitual o cuando no tiene tanto espacio como está acostumbrado a tener en su cama). Dormir mejor le ayudará a estar más alerta durante el día para evitar errores y lesiones.

Practique a menudo

Todo el mundo aprende a diferentes velocidades en función de sus intereses, suministros, habilidades y oportunidades. Esto es totalmente normal. No se desanime si no puede dominar una habilidad inmediatamente. Todo el mundo comete errores cuando aprende algo. La práctica hace al maestro, y algunas habilidades tardan más en aprenderse que otras. Empiece por lo básico y practíquelo con la mayor frecuencia posible. Solo pase a las habilidades avanzadas cuando se sienta seguro con las básicas. Practicar repetidamente también le permitirá aprender de sus errores mucho antes.

Practique incluso aquellas habilidades de bushcraft que se le dan bien para no perder la práctica. Algunas habilidades son más fáciles de recordar, mientras que otras no. Si no practica las habilidades que ya domina, podría fallar en una situación de emergencia o cuando se sienta cansado tras un largo día al aire libre.

Aprenda a trabajar con los demás

Aunque explorar la naturaleza en grupo puede ser divertido, habrá ocasiones en las que no todos se lleven bien. Puede que no estén de acuerdo en cómo debe hacerse algo. Sin embargo, por la seguridad de todos, debe aprender a trabajar con los demás, aunque no se lleve bien con ellos o no esté de acuerdo con su opinión. A veces hay que llegar a un compromiso.

Otro problema que puede surgir es la sensación de que no todo el mundo hace su parte de la carga de trabajo. Por ejemplo, puede enfadarse porque una persona se negó a limpiar mientras otras iban a por provisiones y cocinaban. En lugar de enfadarse, pregúnteles por qué no limpiaron y escuche su versión independientemente de sus sentimientos. Después de escucharles, explíqueles por qué cree que su comportamiento es injusto e intente llegar a un compromiso.

También debe escuchar lo que dicen los demás cuando no esté de acuerdo en hacer algo. Escucharles le ayudará a entender por qué quieren hacerlo como lo hacen y podrá decidir si no está de acuerdo. Demostrar que le importan las opiniones de los demás es necesario para un buen trabajo en equipo. Fomenta la camaradería y garantiza que todos sepan que deben contar con los demás para sobrevivir y prosperar en la naturaleza.

Practique la relajación

Aunque mantenerse alerta es necesario muchas veces en la naturaleza salvaje, estar en este estado le hará sentirse ansioso y estresado. Le hará dormir mal y reaccionar de forma exagerada ante cualquier pequeño ruido o visión que aparezca de repente. A veces, necesita relajarse y dejar que los demás (y su equipo y medidas de protección) le mantengan a salvo.

Piense antes de actuar

La naturaleza salvaje puede ser impredecible, pero con una buena preparación, puede predecir y aprender qué hacer en cada circunstancia. Si se encuentra en una situación en la que no sabe qué ocurrirá a continuación, tómese un momento para pensar. Su acción puede marcar la diferencia entre mantenerse a salvo o adentrarse en una situación peligrosa como encontrarse con animales salvajes o en un terreno lleno de peligros ocultos. Piense en dónde se encuentra y qué peligros podrían acecharle en su ubicación actual. Al principio, esta será una habilidad difícil de dominar, pero se volverá mucho más fácil con la práctica.

Mensaje de agradecimiento

Gracias por elegir y leer este libro. Al final del libro, se habrá enriquecido con una amplia gama de habilidades y conocimientos sobre cómo sobrevivir en la naturaleza. Ha aprendido qué equipo necesita para la práctica del bushcraft, cómo asegurar nudos, construir un refugio y un fuego, encontrar recursos de agua y alimentos, y qué hacer si alguien se lesiona o enferma. Pasar tiempo en la naturaleza puede ser una perspectiva aterradora. Sin embargo, ahora que ha adquirido todas estas habilidades, ya no tiene nada que temer porque sabrá qué hacer en cada situación. Aunque siempre es aconsejable explorar la naturaleza en compañía de adultos, tener algunos trucos de bushcraft bajo la manga le ayudará a ser más independiente durante sus aventuras.

Ahora, ha llegado el momento de poner en práctica sus conocimientos mientras sigue aprendiendo sobre bushcraft. Recuerde que se trata de un complejo conjunto de habilidades que requiere tiempo, dedicación y paciencia para dominar. Además, cuantos más talentos de bushcraft domine, mayores serán sus posibilidades de supervivencia si se encuentra sin ayuda en la naturaleza.

Puede ayudar a organizar su próxima aventura y mostrar sus habilidades recién adquiridas solo en su viaje. Tomar la iniciativa y mantenerse activamente a salvo a sí mismo y a los demás en sus exploraciones al aire libre le dotará de una experiencia práctica muy necesaria. Mientras lo hace, puede utilizar este libro como un trampolín y una referencia para su futuro aprendizaje sobre la vida salvaje y la supervivencia en la naturaleza.

Practicar lo aprendido en este libro le dará más confianza en sus habilidades prácticas al aire libre. A medida que aplique estos talentos, verá cuántas aventuras le depara la vida al aire libre. En ocasiones, le enseñará a ser más independiente y a pensar con originalidad, mientras que en otras circunstancias, le dará la oportunidad de admirar las bellezas naturales que solo se pueden ver en la naturaleza. Una vez más, gracias y enhorabuena por completar este libro y embarcarse en su primer viaje de bushcraft.

Segunda Parte: Jardinería para niños

Cultivo de frutas, hortalizas y manos verdes en jóvenes jardineros

DION ROSSER

Carta de presentación a los padres

Estimados padres,

En la acelerada sociedad actual, en la que las pantallas dominan la atención de los niños, cada vez es más importante volver a conectar con la naturaleza e inculcar el amor por el aire libre. La jardinería ofrece la oportunidad perfecta para conseguirlo. No solo ofrece a los niños la oportunidad de cultivar hermosas plantas, sino que también les enseña habilidades y valores esenciales para la vida. Esparcidos por las páginas de este libro, se encuentran multitud de beneficios que la jardinería aporta a los más pequeños. Desde el fomento de la responsabilidad y la paciencia hasta el desarrollo de un profundo aprecio por el medio ambiente, la jardinería es una experiencia de aprendizaje integral que va mucho más allá de la tierra y las semillas.

Como padres y tutores, nunca insistirán lo suficiente en su implicación activa y su apoyo a la experiencia de sus hijos en la jardinería. Participar junto a ellos crea un espacio seguro para la exploración, los descubrimientos placenteros y los recuerdos compartidos. El jardín se convierte en un lienzo para pasar tiempo de calidad, donde los vínculos se fortalecen y las conversaciones fluyen libremente.

La jardinería es mucho más que el acto físico de plantar y cuidar las plantas. Es una oportunidad para un profundo crecimiento personal. Al recorrer este camino con sus hijos, tiene la oportunidad única de motivar su curiosidad adentrándose usted mismo en la búsqueda del conocimiento. Sumérjase en familia en el fascinante mundo de las plantas, los insectos y los conceptos ecológicos. Deje que sus preguntas le lleven por un camino de exploración e investigación mientras desentraña codo con codo las maravillas de la naturaleza. Anime a sus hijos a expresarse a través de sus proyectos de jardinería. Deje que elijan sus plantas favoritas, que diseñen sus propias secciones pequeñas e incluso que hagan adornos de jardín "hágalo usted mismo". Al dejar volar su imaginación y otorgarles un sentido de propiedad, les da el poder de enorgullecerse de sus creaciones y apreciar la belleza y el significado que esconde cada experiencia. Y así habrá sembrado la semilla del amor por la naturaleza y recogido los abundantes frutos de un niño paciente, responsable y creativo, y de una aventura de jardinería compartida.

Carta de presentación a los niños

¡Hola, niños!

¿Han tenido alguna vez una semillita en la mano? Es tan pequeña y sencilla. Pero dentro de esa humilde cáscara yace el potencial de la grandeza, el poder de crear vida y belleza. Con su tierno cuidado y protección, será testigo del milagro de esa semilla brotando, estirando sus verdes brazos hacia el sol y transformándose en la planta más preciosa. Eso es la jardinería. Es asistir en primera fila al espectáculo más cautivador de la tierra.

Pero la jardinería no consiste solo en presenciar milagros, sino en convertirse así mismo en mago. Aprenderá los secretos para convertir una tierra seca y sin vida en un campo de juego fértil donde las plantas vivan y florezcan en paz. Descubrirá el equilibrio perfecto entre sol, agua y nutrientes que hará que sus plantas crezcan altas y orgullosas. Mientras explora este delicado mundo como jardinero, la naturaleza le recompensará con sorpresas a cada paso: Una mariquita escondida, una hermosa mariposa o el refrescante olor de una flor en flor.

El jardín es el aula más interesante que jamás haya pisado, donde absorberá conocimientos más rápido que la velocidad de una semilla germinada. Cada planta que cultive le enseñará cosas que no sabía sobre biología, ecología y cómo todos los seres vivos están conectados de alguna manera. Se convertirá en detective, investigando los misterios de las plagas y enfermedades, y en un maestro de la resolución de problemas, encontrando las formas más inteligentes de proteger a sus verdes amigos. La jardinería es una aventura que promete risas, sorpresas y momentos inolvidables. Hay pocas experiencias como la emoción de cosechar sus propios vegetales y morder una jugosa baya que ha cultivado con sus propias manos. Y cuando vengan sus amigos, su huerto será el patio de recreo definitivo: Un lugar de imaginación y pura diversión.

Las páginas de este libro le ofrecen toda la inspiración, los consejos y los secretos que necesita. Es un portal a un mundo donde las plantas susurran su sabiduría, donde encontrará respuestas a sus preguntas más candentes y donde la imaginación echa raíces y crece junto a sus plantas. Este libro será su compañero de confianza cuando comience su vida como jardinero. Le animará a soñar a lo grande. Le guiará en cada paso del camino y, antes de que se dé cuenta, habrá pasado de ser un principiante curioso a un jardinero experto simplemente *porque puede hacerlo.*

Capítulo 1: Aspectos básicos del jardín

Los elementos básicos son los cimientos de todo jardín. Al igual que una casa necesita una base sólida sobre la que apoyarse, un jardín necesita algunas cosas importantes que le ayuden a crecer y convertirse en algo asombroso. Como jardinero novato, necesitará todas las ideas básicas para poner en marcha su jardín, pero la jardinería no es solo cuestión de hechos y ciencia. También se trata de divertirse y pasarlo bien.

Un jardín puede aportar mucha alegría a su vida. Imagine ver cómo una semillita germina y se convierte en una hermosa flor o en un delicioso vegetal que puede comerse. Esta experiencia le une a la naturaleza. Le enseña a ser paciente y a cuidar de las cosas y le proporciona un lugar tranquilo donde relajarse. Así que póngase los guantes de jardinería y un gorro fresco para el sol, ¡y prepárese para crear el mejor jardín de su vecindario!

Cómo encontrar la ubicación de su jardín

Cuando se trata de encontrar el lugar perfecto para su jardín, hay algunas cosas que debe tener en cuenta para que sus plantas salgan fuertes y sanas.

En primer lugar, la luz del sol. Necesita el sol para sentirse caliente y lleno de energía, ¿verdad? Las plantas necesitan la luz del sol para alimentarse y crecer grandes y fuertes. Así que busque un lugar en su jardín donde el sol brille durante al menos seis horas diarias. Así, sus plantas tendrán mucho sol para absorber.

La sombra es agradable en un día caluroso, pero demasiada puede dificultar que las plantas reciban la luz solar que necesitan. Por eso, evite los lugares bajo árboles altos o edificios que bloqueen la luz solar. A las plantas también les gusta tomar el sol.

Busque un lugar en su jardín que reciba mucho sol[49]

A continuación, compruebe el suelo. Piense en la tierra como si fuera la manta en la que se acurrucan las plantas. La tierra debe ser blanda, desmenuzable y fácil de penetrar para las raíces de las plantas. Examine el suelo de su jardín. Si es duro o rocoso, puede mejorarlo añadiendo un material especial llamado abono o sustrato. Así le dará a sus plantas un lugar cómodo al que llamar hogar. El agua también es importante, como lo es para usted. Las plantas necesitan agua para beber y mantenerse hidratadas. Por eso es buena idea tener cerca una fuente de agua, como una manguera o un barril de lluvia. Así, podrá dar de beber a sus plantas cuando lo necesiten.

Por último, elija un lugar de fácil acceso. Querrá visitar su jardín tanto como sea posible para cuidar de sus plantas, regarlas y recoger algunos vegetales o flores bonitas. Así que elija un lugar que esté cerca de su casa. Así podrá ir rápidamente a su jardín siempre que quiera.

Cómo diseñar su jardín

Diseñar un jardín le convierte en un artista, creando una hermosa obra maestra con plantas y colores. Por supuesto, hay algunas cosas en las que pensar, pero lo más importante es dejar volar la imaginación y ser creativo. No obstante, he aquí algunas cosas en las que pensar a la hora de diseñar el jardín perfecto:

- **Equilibrio y simetría:** En su jardín, lo ideal es crear equilibrio colocando plantas o elementos altos en un lado y otros más bajos en el otro. Es como tener un amigo grande en un lado del balancín y otro más pequeño en el otro. Esto ayuda a que su jardín parezca uniforme y organizado. La simetría, sin embargo, significa tener cosas con el mismo aspecto en ambos lados del jardín, como cuando dobla un trozo de papel por la mitad y ambos lados coinciden. Puede crear simetría teniendo dos bonitos lechos de flores o dos macetas con flores de colores que parezcan iguales en ambos lados.

- **El tamaño:** A continuación, considere el tamaño y la proporción. Piense en su jardín como en un gran puzzle en el que todas las piezas encajan a la perfección. ¿De cuánto espacio dispone su jardín? ¿Es un patio grande o pequeño? Su respuesta le ayudará a decidir cuántas plantas y adornos puede colocar. Ahora, piense en el tamaño de las plantas y los objetos que quiere incluir. Algunas plantas pueden crecer mucho, como un girasol gigante, mientras que otras son pequeñas y bonitas, como una margarita diminuta. Cuando dibuje un cuadro y quiera que todo quede bien, aplique las reglas del *tamaño y la proporción*. Debería hacer lo mismo con su jardín. Por ejemplo, si tiene un jardín pequeño, puede quedar raro si pone un árbol enorme en el centro, pero si tiene un jardín grande, un árbol alto puede quedar muy bien.

- **Color y textura:** En cuanto al color, puede elegir flores y plantas de todos los colores para que quede bonito. Imagine tener flores rojas, amarillas, azules y moradas juntas. Es una explosión de colores. Incluso puede tener flores que cambien de color con el paso de las estaciones, para que su jardín tenga siempre un aspecto nuevo y emocionante. La textura tiene que ver con cómo se sienten las cosas al tocarlas. Las plantas pueden tener diferentes texturas, del mismo modo que algunos juguetes son lisos y otros rugosos. Algunas hojas son suaves y lisas, mientras que otras son ásperas o peludas. Puede elegir plantas con diferentes texturas para que su jardín sea divertido de tocar y no solo de mirar.

Puede elegir plantas de diferentes colores para que su jardín tenga un aspecto bonito[60]

- **Decoración:** Siéntase libre de añadir algunos caminos y decoraciones o juguetes chulos. Puede hacer caminos que lleven a diferentes lugares de su jardín, como escondites secretos o decoraciones únicas. Utilice piedrecitas, ladrillos o incluso guijarros para hacer los caminos. Y no se olvide de los adornos, como una bonita estatua, una fuente brillante o un banco de colores. Estas cosas harán que su jardín sea genial.

Abonar

Abonar es el acto de dar alimento a las plantas para que se mantengan sanas y crezcan adecuadamente. Las plantas necesitan nutrientes como *nitrógeno, fósforo y potasio* para sobrevivir y ser felices. Estos nutrientes les ayudan a tener tallos fuertes, hojas bonitas y flores coloridas. Pero a veces, la tierra de un jardín no tiene suficientes nutrientes, y es entonces cuando entra en juego la fertilización.

El abono es *alimento para las plantas*. Están hechos con todos los nutrientes importantes que necesitan las plantas. Cuando espolvorea o esparce el abono en la tierra alrededor de las plantas, estas pueden absorberlo hasta sus raíces. Al añadir fertilizantes, se asegura de que sus plantas tengan todos los nutrientes que necesitan para ser las mejores plantas que puedan ser.

La fertilización también protege a las plantas de problemas como enfermedades y plagas. Cuando las plantas reciben los nutrientes adecuados, se vuelven fuertes y sanas. Lo mismo ocurre cuando usted come bien, puede combatir mejor los gérmenes y no caer enfermo. Las plantas bien alimentadas también lo hacen; pueden protegerse de enfermedades desagradables y plagas peligrosas que pueden hacerles daño. Así que, al dar a sus plantas el alimento especial para plantas (abono) que necesitan, les está dando el poder de mantenerse sanas y salvas mientras vivan.

Pero recuerde que debe tener cuidado con los fertilizantes. Usar demasiado puede causar problemas a sus plantas. Es como comer demasiados caramelos, saben bien, pero no son buenos para el organismo. Demasiado fertilizante puede dañar las raíces de las plantas. Por eso, debe utilizar la cantidad adecuada y seguir las instrucciones. Puede pedirle a un adulto que le ayude con esto. Puede guiarle sobre la cantidad de abono que debe utilizar y cuándo. Puede ser su compañero de jardinería para asegurarse de que está haciendo todo correctamente.

Riego

Las plantas necesitan agua para saciar su sed y mantener contentos sus tallos, pero hay que tener cuidado y regarlas correctamente. Cuando riegue las plantas, lo mejor es verter el agua en la base de la planta, cerca de las raíces. Ahí es donde las raíces toman el agua y la envían a todas las partes de la planta. En lugar de salpicar agua sobre las hojas todo el tiempo, le dará un refresco justo donde más lo necesita. Todo buen jardinero sabe que debe evitar regar demasiado las hojas o las flores porque puede hacer que estén húmedas durante demasiado tiempo. Las hojas y flores mojadas pueden enfermar y causar problemas. No le gustaría que estuvieran mojadas durante mucho tiempo, ¿verdad? También podría resfriarse o enfermar. Por eso, debe apuntar a la base de las plantas todo lo que pueda.

Las plantas necesitan agua para sobrevivir[n]

Regar es importante, pero también debe encontrar el equilibrio adecuado. No querrá regar en exceso ni por debajo de sus plantas. Regar en exceso significa darles demasiada agua, como echarles un cubo entero cuando solo necesitan un sorbito. Demasiada agua puede ahogar las raíces y hacer que la planta enferme. Esto no solo les ocurre a las plantas; si bebe demasiada agua, puede sentirse enfermo e incómodo.

Por otro lado, regar poco significa no dar suficiente agua a sus plantas, como cuando uno tiene mucha sed y solo recibe un pequeño sorbo. Si las plantas no reciben suficiente agua, pueden debilitarse y marchitarse. Puede que no crezcan bien, no tengan flores bonitas ni produzcan buenos frutos.

Entonces, ¿cómo saber cuándo hay que regar las plantas? Puede comprobarlo introduciendo el dedo en la tierra a unos dos centímetros de profundidad. Si la siente seca, es hora de regarla, pero puede esperar un poco más si la siente húmeda. Cada planta tiene necesidades diferentes, por lo que es necesario conocer las necesidades específicas de las plantas de su jardín. Recuerde siempre que regar las plantas es necesario, pero debe hacerlo bien. Riegue por la base de las plantas, evite regar en exceso o por debajo del nivel del agua, ¡y compruebe el suelo para saber cuándo tienen sed sus plantas!

Elegir plantas para su jardín: Todo lo que debe saber

1. **El espacio:** Cuando elija plantas para su jardín, tenga en cuenta el espacio que necesitan para crecer. Algunas plantas, como los girasoles, pueden crecer muy altas y necesitan mucho espacio para desplegar sus hojas. Otras, como algunas hierbas aromáticas, se quedan pequeñas y pueden cultivarse en macetas o jardines pequeños. Así que haga lo posible por elegir plantas que se adapten bien al espacio de su jardín.

2. **Cuidados:** Al igual que no todos tenemos las mismas necesidades, las plantas también tienen necesidades diferentes. A algunas les encanta tomar el sol todo el día, mientras que otras prefieren un poco de sombra para mantenerse frescas. Algunas necesitan mucha agua, mientras que a otras les basta con menos. Por su bien y el de su jardín, es mejor elegir plantas que se adapten a las condiciones de su jardín y que le resulten fáciles de cuidar. Así, usted y sus plantas tendrán una relación que ambos disfrutarán.

3. **El factor diversión:** Su jardín debe ser muy divertido y emocionante. Puede elegir plantas que sean únicas e interesantes. Busque flores que atraigan a las mariposas con sus colores brillantes y olores dulces. También puede encontrar plantas con formas y texturas chulas, como hojas peludas o flores con pinchos. Todas estas plantas harán que su jardín sea casi mágico y el mejor que haya visto nunca.

Capítulo 2: Herramientas necesarias

Las herramientas de jardinería pueden marcar la diferencia entre un jardín feliz y sano y una jungla desordenada e indómita. En jardinería, las herramientas son los instrumentos que ayudan a cuidar las plantas y hacen que la jardinería sea más fácil y menos trabajosa. Le ahorran tiempo y energía al proporcionarle formas más rápidas de cavar, podar, regar y mantener su jardín. Sin las herramientas adecuadas, las tareas que deberían ser divertidas pueden convertirse rápidamente en interminables y frustrantes. Por ejemplo, utilizar una pala o una paleta le ayuda a cavar agujeros más rápido que si lo hace solo con las manos. Una regadera le ayuda a regar las plantas de forma más uniforme y sin desperdiciar agua. Las tijeras de podar permiten podar las plantas de forma rápida y sencilla para que se mantengan sanas, y el resto de herramientas le ayudan a realizar distintas tareas en el jardín sin cansarse ni ensuciar. Así que, al igual que las herramientas le ayudan con diferentes cosas en la escuela o en casa, las herramientas de jardinería le ayudan a cuidar de las plantas y hacen que la jardinería sea divertida y fácil.

Importancia de las herramientas de jardinería

Utilizar las herramientas de jardinería adecuadas mejorará su jardín y su experiencia en jardinería. He aquí cómo:

1. **Haga las cosas más rápido:** Las herramientas de jardinería le ayudan a terminar las tareas más rápidamente. Hacen que cavar, cortar y quitar las malas hierbas sea más fácil y rápido.

2. **Haga las cosas bien:** Cada herramienta de jardinería está hecha para un trabajo específico. Le ayudan a hacer las cosas exactamente como usted quiere. Por ejemplo, las tijeras de podar le ayudan a cortar ramas limpiamente, y una paleta le ayuda a hacer pequeños agujeros perfectos para plantar.

3. **Trabaje más:** Cuando utiliza herramientas de jardinería, puede hacer más trabajo en menos tiempo. Herramientas como carretillas, carros de jardín y rastrillos le ayudan a mover cosas como tierra, hojas y otras cosas más rápido para que pueda terminar sus tareas rápidamente.

4. **Seguridad y protección:** Las herramientas de jardinería le mantienen seguro mientras trabaja en el jardín. Los guantes, las rodilleras y las gafas le protegen de las espinas, las cosas afiladas y la suciedad que pueden hacerle daño.

5. **Hacen muchas cosas distintas:** Las herramientas de jardinería pueden realizar muchas tareas diferentes. Por ejemplo, un cuchillo de jardín puede cavar, cortar y arrancar malas hierbas, mientras que un tenedor de jardín ayuda a aflojar la tierra y mover las plantas.

6. **Duran mucho tiempo:** Las buenas herramientas de jardinería son resistentes y duran mucho tiempo. Si las cuida, seguirán funcionando bien durante un tiempo, por lo que no tendrá que comprar otras nuevas durante años.

7. **Fáciles de usar:** Las herramientas de jardinería están hechas para que sean fáciles de usar para todo el mundo. Tienen mangos cómodos y no son demasiado pesadas, para que pueda utilizarlas sin cansarse ni hacerse daño.

8. **Manténgase organizado:** Tener herramientas de jardinería le ayuda a mantenerse organizado. Puede guardarlas en un solo lugar; cuando las necesite, estarán listas para usar. De este modo, no perderá tiempo buscándolas.

Categorías de herramientas de jardinería

• **Herramientas de excavación**

A veces, en jardinería, hay que cavar agujeros en el suelo para plantar semillas o trasladar plantas. Hay herramientas especiales que pueden ayudarle a hacerlo. Una de ellas parece una pala grande con un mango largo. Es ideal para cavar agujeros profundos en la tierra. Otra herramienta es una pala más pequeña que cabe en la mano. Es más ligera y fácil de usar para cavar agujeros más pequeños. También hay una herramienta con una cuchilla plana de forma cuadrada. Le ayuda a cavar y mover la tierra cuando necesita hacer una zanja o remover el suelo. Y por último, hay una herramienta con puntas puntiagudas. Sirve para aflojar la tierra y romper los terrones. Estas herramientas especiales te facilitan la tarea de cavar en el jardín. En lugar de sus manos, utilice estas herramientas para cavar rápidamente y terminar el trabajo más rápido.

• **Herramientas de corte y poda**

Cuando cuide de sus plantas, necesitará recortar o cortar algunas partes para ayudarlas a crecer mejor. Las herramientas de corte y poda son simplemente tijeras para plantas. Le ayudan a eliminar las ramas u hojas que crecen demasiado o que ya no están sanas. Igual que usted se corta el pelo para mantenerlo sano y cuidado, ¡las plantas también necesitan a veces un pequeño recorte!

• Herramientas de riego

Las plantas no pueden prescindir del agua porque la necesitan para crecer y mantenerse sanas. Utilice herramientas que le ayuden a dar a sus plantas la cantidad adecuada de agua. Estas herramientas le ayudan a verter suavemente el agua sobre las plantas para asegurarse de que les da la cantidad correcta, ni demasiada ni demasiado poca. Facilitan el riego de las plantas. Puede regarlas uniformemente y asegurarse de que cada planta recibe el agua que necesita.

• Herramientas de plantación

Las herramientas de plantación sirven para plantar nuevas semillas o cambiar las plantas de sitio. Las herramientas de plantación facilitan la colocación de las semillas o plantas en la tierra. Son los ayudantes que crean pequeños agujeros en la tierra. Luego puedes colocar suavemente las semillas o plantas en estos agujeros. Las herramientas para plantar le facilitarán mucho las cosas, ¡no se imagina! Puede plantar sus flores, vegetales o hierbas favoritas sin ensuciarse las manos.

• Herramientas de mantenimiento

De vez en cuando, su jardín también necesita cuidados cariñosos. Las herramientas de mantenimiento mantienen su jardín limpio y sano. Una de las tareas de mantenimiento consiste en eliminar las malas hierbas. Las malas hierbas son plantas no deseadas que crecen donde no quiere que lo hagan. Con estas herramientas puede arrancarlas de la tierra para que no quiten nutrientes a sus plantas.

Otra cosa que hará será poner orden en sus plantas. A veces crecen demasiado o tienen partes que no están sanas. Puede utilizar algunas herramientas para recortar o cortar estas partes sobrantes. Y recuerde limpiar las hojas caídas u otros desórdenes de su jardín. Utilice herramientas para recoger las hojas y mantener su jardín ordenado. Cuando utiliza herramientas de mantenimiento, cuida bien de su jardín y se asegura de que sus plantas tienen todo lo que necesitan para tener buen aspecto y sentirse bien. Es su forma de demostrar su amor y responsabilidad.

Herramientas básicas que necesitará

1. **Pala:** Una pala es una herramienta con un mango largo y una hoja en forma de cuchara en el extremo. La hay de muchos tamaños. Sirve para cavar agujeros en la tierra. Puede utilizar una pala para cavar un hoyo para plantar semillas o para trasplantar plantas de un lugar a otro.

2. **Regadera:** Una regadera es un recipiente especial con un pico y un asa. Sirve para regar las plantas. Llene la regadera con agua y viértala suavemente alrededor de la base de las plantas. Esto las ayuda a mantenerse hidratadas y sanas.

Una regadera se utiliza para regar las plantas[68]

3. **Paleta:** La paleta es una pequeña herramienta manual con una hoja puntiaguda. Se utiliza para cavar pequeños agujeros cuando se plantan flores o hierbas diminutas. Empuje el mango de la paleta en la tierra para hacer un agujero. A continuación, coloque su planta o plantón en el agujero y cúbralo con tierra.

4. **Guantes:** Mantienen las manos limpias y seguras. Mantienen sus manos seguras y limpias mientras trabaja en el jardín. Use guantes para protegerse las manos de las espinas, las plantas espinosas o la suciedad. También impiden cualquier arañazo o corte.

5. **Tijeras de podar:** Las tijeras de podar son tijeras para plantas. Recortan ramas, hojas o flores de las plantas. Cuando utilice tijeras de podar, tenga cuidado de cortar solo las partes de la planta que necesite. Esto mantendrá el buen aspecto de sus plantas y fomentará un nuevo crecimiento.

6. **Rastrillo:** Un rastrillo es una herramienta con un mango largo y una hilera de dientes o púas. Puede recoger hojas, hierbas u otros desperdicios del jardín en montones. Sujete el mango del rastrillo y deslícelo por la tierra para recoger suavemente las hojas o la hierba del suelo.

Por muy fáciles que sean de utilizar las herramientas de jardinería, siempre es más seguro pedir ayuda y orientación a un adulto. Ellos pueden enseñarle a utilizar las herramientas de forma segura y enseñarle más cosas sobre el cuidado de las plantas.

Elegir las mejores herramientas para su edad

A la hora de elegir herramientas de jardinería, debe encontrar las que se adapten a su edad y tamaño. Algunas herramientas están especialmente fabricadas en tamaños más pequeños y diseñadas para niños, al igual que su hijo. Estas herramientas son más fáciles de sujetar y utilizar porque están hechas pensando en sus necesidades. Aquí tiene algunas cosas que debe recordar cuando vaya a comprar herramientas:

1. **El tamaño:** Busque herramientas más pequeñas y ligeras. Deben caber bien en las manos y ser fáciles de sujetar. Así podrá utilizarlas cómodamente sin forzar los músculos.

2. **Seguridad:** La seguridad siempre es importante. Asegúrese de que las herramientas que elija tengan bordes lisos y no estén demasiado afiladas. Querrá evitar cualquier accidente o corte mientras trabaja en el jardín.

3. **Durabilidad:** Busque herramientas resistentes y duraderas; le durarán mucho tiempo y podrá seguir utilizándolas durante muchas aventuras de jardinería.

4. **Diseños divertidos:** Algunas herramientas de jardinería vienen en colores divertidos o con diseños chulos. Elegir herramientas que le resulten visualmente interesantes puede entusiasmarle a la hora de trabajar en su jardín.

Normas de seguridad

A nadie le gustan las normas, pero las normas de seguridad no pretenden retenerle o decirle lo que tiene que hacer. Están ahí para mantenerle seguro, para que se sienta cómodo y tenga la mejor experiencia haciendo lo que esté haciendo. Hay normas de seguridad para todo, incluida la jardinería y el uso de herramientas de jardinería. Estas son las más importantes que debe conocer:

- **Pida la supervisión de un adulto:** Cuando utilice herramientas de jardinería, vaya siempre acompañado de un adulto, al menos al principio. Puede guiarle y asegurarse de que utiliza las herramientas de forma segura.

- **Utilice equipo de seguridad:** Use guantes de jardinería para proteger sus manos de las plantas espinosas y los gérmenes. Dependiendo de la tarea, es posible que también necesite gafas de seguridad para protegerse los ojos.

- **Utilice las herramientas para el fin previsto:** Cada herramienta tiene una función específica. Utilice las herramientas solo para lo que están destinadas. Por ejemplo, no utilice una paleta como un juguete o un rastrillo como una espada de mentira. Podría hacerse daño a sí mismo o, peor aún, a otra persona.

- **Maneje las herramientas con cuidado:** Trate sus herramientas con cuidado y respeto. Evite balancearlas o jugar con ellas de forma brusca. Recuerde que no son juguetes.

- **Cuidado con los dedos:** Mantenga los dedos alejados de las partes afiladas de las herramientas, como cuchillas o puntas. Preste siempre atención a dónde están mientras utiliza las herramientas para evitar accidentes.

- **Guarde las herramientas correctamente:** Cuando haya terminado su jornada de jardinería, guárdelas en un lugar seguro. Guárdelas donde no supongan un peligro de tropiezo o donde los niños más pequeños no puedan alcanzarlas.

- **Limpie después:** Después de utilizar las herramientas, límpielas y guárdelas ordenadamente. Así las mantendrá en buen estado y le durarán más tiempo.

- **Sea consciente de lo que le rodea:** Mire a su alrededor y asegúrese de que no hay obstáculos o personas cerca que pueda golpear accidentalmente con las herramientas. Deje espacio suficiente para trabajar con seguridad.

Cómo limpiar y cuidar las herramientas de jardinería

- **Primer paso: Reúna los utensilios de limpieza:** Consiga un cubo de agua tibia jabonosa y un paño o esponja limpios.

- **Segundo paso: Elimine la suciedad y los residuos:** Utilice un paño o una esponja para limpiar la suciedad, el barro o los restos de plantas de sus herramientas. Asegúrese de limpiar tanto las cuchillas como los mangos de las herramientas.

- **Tercer paso: Aclare con agua:** Después de eliminar la suciedad, enjuague sus herramientas con agua limpia para eliminar cualquier resto de jabón y suciedad.

- **Cuarto paso: Desinfecte sus herramientas:** Para evitar la propagación de enfermedades entre las plantas, debe desinfectar sus herramientas. Para ello, utilice una solución de una parte de lejía por nueve de agua. Pídale a un adulto que lo haga. Sumerja un paño limpio o una esponja en la solución y limpie las cuchillas y los mangos de sus herramientas. Déjelas reposar unos minutos.

- **Quinto paso: Aclare y seque:** Después de desinfectar, aclare de nuevo sus herramientas con agua limpia para eliminar los restos de lejía. A continuación, utilice un paño seco o una toalla para secarlas bien. El agua puede oxidar las herramientas, por lo que es importante secarlas.

- **Sexto paso: Guárdelas en un lugar seco:** Una vez que sus herramientas estén limpias y secas, guárdelas en un lugar seco. Esto evita que se oxiden y las mantiene en buenas condiciones para su uso futuro.

- **Paso siete: Limpie su material de limpieza:** Después de limpiar sus herramientas, recuerde limpiar su cubo, paño o esponja. Aclárelos bien y déjelos secar antes de guardarlos.

Al limpiar y cuidar sus herramientas después de cada uso, las mantendrá en buen estado y evitará la propagación de enfermedades que pueden dañar sus plantas. Es una forma estupenda de cuidar sus herramientas y su jardín al mismo tiempo.

Capítulo 3: Frutas y vegetales

Puede disfrutar de alimentos frescos y sabrosos durante todo el año si cultiva sus propias frutas y vegetales. Puede recogerlas cuando están perfectamente maduras y llenas de sabor, y eso es mucho mejor que comprarlas en la tienda, donde puede que no estén tan frescas todo el tiempo. Comer frutas y vegetales es muy bueno para la salud. Si usted mismo las cultiva, puede elegir formas naturales de cuidarlas. Por ejemplo, puede utilizar bichos amistosos para comerse a los bichos malos o utilizar abono en lugar de productos químicos, manteniendo su cosecha más sana y segura.

Cultivar sus propios alimentos también puede ahorrarle dinero. Aunque tenga que gastar un poco de dinero para empezar con semillas y herramientas, a la larga es mucho más barato que comprar frutas y vegetales frescas en la tienda. Y cuanto más cultive, más podrá ahorrar almacenándolas o conservándolas para más adelante. Cuando usted cultiva sus propios alimentos, también está ayudando al medio ambiente. Al no depender de alimentos que tienen que recorrer largas distancias, contribuyes a reducir la contaminación provocada por el transporte. También puede optar por métodos de cultivo ecológicos, es decir, sin productos químicos que puedan dañar la tierra.

La jardinería es una forma estupenda de salir al aire libre y mantenerse activo, pero ver crecer sus plantas y verlas dar frutos es la guinda del pastel. Es un proyecto que ha cuidado con esmero, y uno se siente increíble cuando ve los resultados. Es algo de lo que estar orgulloso y que le hace sentirse realmente bien consigo mismo. Cultivar sus propios alimentos es también una oportunidad para aprender y descubrir cosas nuevas. Aprende cómo crecen las plantas, cómo cuidarlas y qué bichos y animales las ayudan a crecer. Es como hacer un pequeño experimento científico en el jardín de casa.

Por último, cultivar sus propios alimentos puede unir a la gente. Puede compartir lo que cultiva con sus amigos, familiares y vecinos. Es una forma estupenda de conectar con los demás y divertirse juntos. Por lo tanto, cultivar frutas y vegetales no solo es emocionante y gratificante, sino que también le ayuda a comer más sano, ahorrar dinero, cuidar el medio ambiente, aprender cosas nuevas y crear los mejores recuerdos.

Preparación del suelo

Preparar el suelo es clave para cultivar las frutas y vegetales más dulces y sanas. En primer lugar, entienda que las plantas obtienen su alimento del suelo. Del mismo modo que usted necesita alimentos sanos para crecer fuerte como ser humano, las plantas necesitan un suelo nutritivo para crecer grandes y sabrosas. Por tanto, preparar el suelo puede traducirse en preparar la mejor comida para sus plantas.

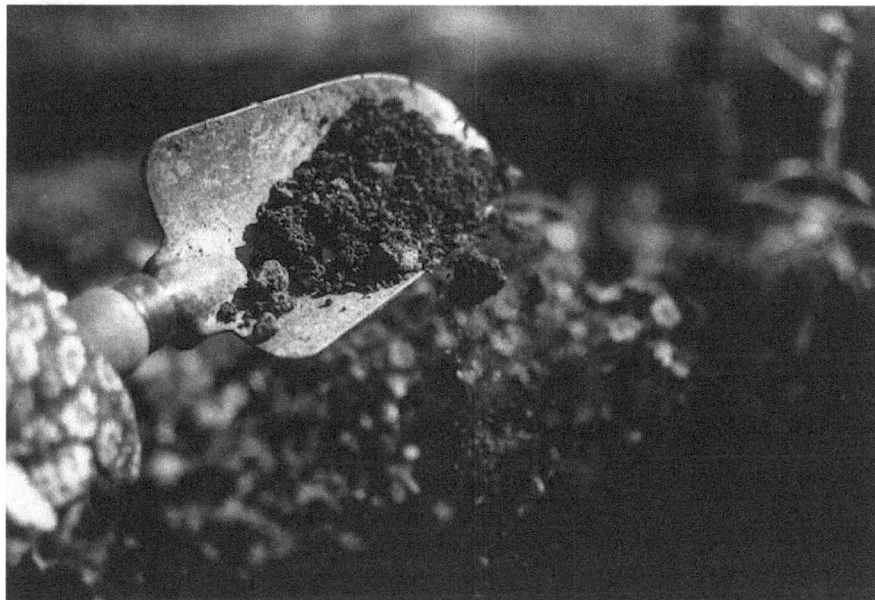

La preparación del suelo es la clave para cultivar las frutas y vegetales más dulces y sanos "

Empiece por despejar la zona en la que quiere cultivar sus plantas. Elimine cualquier hierba o maleza que pueda haber. Así, sus plantas tendrán espacio para crecer sin competencia. A continuación, hay que remover la tierra. Utilice herramientas como palas o rastrillos para remover suavemente la tierra. De este modo, las raíces de las plantas podrán moverse fácilmente por el suelo y alcanzar los nutrientes que necesitan. Después, añada abono orgánico o fertilizantes naturales a la tierra. El abono se elabora con restos de frutas y vegetales, hojas y otros materiales orgánicos. Es un tratamiento especial para la tierra. Estos abonos naturales contienen muchos nutrientes que las plantas adoran. Hacen que el suelo esté sano y dan a sus plantas la energía que necesitan para dar lo mejor de sí mismas.

Una vez que haya añadido el abono, debe mezclarlo con la tierra. Sea delicado y tómese su tiempo porque quiere que los nutrientes se distribuyan uniformemente para que todas las plantas reciban lo que les corresponde. Es como remover una sopa para que todos los ingredientes se mezclen bien. La tierra ya está lista para plantar. Puede colocar las semillas o las plantas pequeñas en la tierra, cubrirlas suavemente con un poco más de tierra y darles un poco de agua. Así se sentirán cómodas y seguras mientras empiezan a crecer.

¿Por qué es importante preparar el suelo? Está creando un hogar perfecto para sus plantas. Les está dando un buen comienzo en la vida y la mejor oportunidad de producir las frutas y vegetales más sabrosas que jamás haya probado. La jardinería es una misión, y la preparación del suelo es una parte importante de esa misión. Le debe a sus plantas ensuciarse las manos, mezclar un poco de abono y hacer que la tierra sea esponjosa y cómoda para ellas.

Análisis y enmienda del suelo

El análisis del suelo es una revisión de la tierra. Le ayuda a comprender cómo es el suelo y qué cosas adicionales puede necesitar para que sus plantas estén contentas. Para realizar un análisis del suelo, debe tomar una pequeña muestra de tierra y enviarla a un laboratorio especial. Los científicos del laboratorio analizarán la tierra para ver qué nutrientes tiene y si le falta algo. También puede comprar kits de análisis del suelo. Cuando reciba los resultados, podrá saber si su suelo necesita algún ajuste. A veces, la tierra tiene menos nutrientes de los que necesitan sus plantas; en ese caso, puede enmendarla.

Enmendar significa añadir elementos al suelo para mejorarlo. Puede añadir abono, estiércol o fertilizantes orgánicos para preparar la tierra para la siembra. Si añade abono a su jardín, las plantas tendrán más nutrientes y la tierra podrá retener el agua como una esponja. El estiércol puede sonar un poco raro, pero en realidad son cacas de animales, sobre todo vacas, gallinas o caballos. Pero no se preocupe: es limpio y seguro para sus plantas. Contiene lo necesario para crecer, como nitrógeno, fósforo y potasio. Piense en un batido de vitaminas, pero SOLO para las plantas.

Plantar: El proceso

Plantar semillas, plantones o plantas jóvenes es una parte apasionante del cultivo de frutas y vegetales. Necesitará algunos consejos que le ayuden con esto:

- **Empiece por preparar el terreno:** Despeje la zona en la que desea plantar sus semillas o plantones. Elimine cualquier hierba o maleza para que sus plantas tengan espacio para crecer.

- **Haga un hoyo:** Utilice una pala pequeña o las manos para hacer un hoyo en la tierra. El agujero debe ser lo bastante profundo para que quepan cómodamente las raíces de las plantas.

- **Plantar semillas:** Si va a plantar semillas, siga las instrucciones del paquete. Algunas semillas deben plantarse a mayor profundidad, mientras que otras deben estar más cerca de la superficie. Deje caer las semillas en el agujero y cúbralas con una fina capa de tierra. Presione suavemente la tierra para asegurarse de que las semillas estén bien apretadas y seguras.

- **Plantar plántulas o plantas jóvenes:** Si va a plantar plántulas o plantas jóvenes, sáquelas con cuidado de sus macetas o contenedores. Coloque el cepellón (la masa de tierra alrededor de las raíces) en el hoyo que ha cavado y asegúrese de que la planta se mantiene erguida. A continuación, cubra las raíces con tierra, dando suaves golpecitos alrededor de la base de la planta.

- **Profundidad de plantación adecuada:** Las semillas o los plantones crecen mejor si se plantan correctamente. Si son demasiado profundas, es posible que les cueste llegar a la superficie. Si son demasiado superficiales, es posible que no tengan suficiente apoyo. El paquete de semillas o las instrucciones que vienen con los plantones suelen indicar la profundidad a la que hay que plantarlos. Siga esas directrices para asegurarse de que lo está haciendo bien.

- **Espaciar las plantas:** Cada planta necesita espacio para extender sus raíces. Si las plantas están demasiado juntas, empezarán a pelearse por la luz del sol, el agua y la comida. El paquete de semillas o las instrucciones deben indicarle cuánto espacio necesita cada planta. Deje espacio suficiente entre las plantas para que tengan espacio para crecer sin amontonarse ni pelearse todo el tiempo.

- **Riegue las plantas:** Después de la siembra, dé un buen trago de agua a sus semillas, plántulas o plantas jóvenes. Esto les ayuda a asentarse en su nuevo hogar y les proporciona la humedad que necesitan para empezar su vida.

Prácticas de riego adecuadas

- Riegue sus plantas a una profundidad aproximada de un nudillo cuando la tierra esté seca.

- Vierta el agua cerca de la parte inferior de la planta, donde están las raíces.

- Utilice una regadera con boquilla o una manguera suave para regar las plantas.

- Riegue las plantas por la mañana o por la noche, cuando no haga demasiado calor.

- No riegue demasiado. Basta con que la tierra esté húmeda, como una esponja escurrida, pero no empapada como un charco.

- Esté atento a los signos de sed, como hojas caídas o tierra muy seca.

- Si tiene plantas delicadas, tenga mucho cuidado al regarlas. Utilice un pulverizador para humedecer la tierra.

- Antes de regar las plantas, consulte la previsión meteorológica. Si va a llover, es posible que no necesite regarlas tanto. Puede ajustar la frecuencia de riego en función del tiempo que haga.

Frutas

Manzanas

- **Partes comestibles:** Las manzanas tienen una parte sabrosa y crujiente que puede comerse. Es la parte jugosa que rodea el corazón en el centro.

- **Semillas:** Las manzanas tienen pequeñas semillas dentro de la parte central, el corazón.

- **Cuidados adecuados:** Para cultivar manzanos, busque un lugar soleado con un suelo que drene bien el agua. Deles suficiente agua y recórtelos con regularidad.

Aspectos a tener en cuenta

1. Los manzanos necesitan la ayuda de otros manzanos para producir muchos frutos. Por eso, es buena idea plantar dos tipos diferentes de manzanos cerca el uno del otro.

2. A veces, los manzanos producen demasiadas manzanas, así que es mejor quitar algunas frutas del árbol. Así, las que queden serán más grandes y dulces.

Frambuesas

- **Partes comestibles:** Las bayas jugosas que crecen en las ramas espinosas.

- **Semillas:** Las frambuesas tienen pequeñas semillas escondidas dentro de la baya.

- **Cuidados:** Las plantas de frambuesa prefieren colocarse en un lugar soleado y en un suelo que deje drenar el agua. Ayude a las ramas a trepar dándoles algo a lo que agarrarse y asegúrese de regarlas con regularidad.

Cosas para recordar

1. Recorte las ramas viejas de las plantas de frambuesa para dejar espacio para que crezcan las nuevas.

2. Recoja las frambuesas cuando estén completamente maduras y se desprendan fácilmente de la planta.

Arándanos

Los arándanos son pequeños y redondos[55]

- **Partes comestibles:** Las bayas pequeñas y redondas que tienen un sabor dulce y ácido.

- **Semillas:** En el interior de la baya se encuentran pequeñas semillas.

- **Cuidados adecuados:** Para las plantas de arándanos, busque un lugar con suelo ligeramente ácido que deje fluir el agua. Les gusta estar al sol, pero algo de sombra también está bien. Asegúrese de regarlas con regularidad para que la tierra se mantenga húmeda.

Aspectos a tener en cuenta

1. A los arándanos les gusta la tierra ácida, así que puede añadir musgo de turba o agujas de pino para que la tierra sea más ácida.

2. Durante la temporada en que las plantas no crecen mucho, puede recortar las ramas viejas para dejar sitio a las nuevas.

Sandía

- **Partes comestibles:** La pulpa jugosa y dulce dentro de su gran cáscara exterior verde.

- **Las semillas:** Las sandías tienen muchas semillas en su interior.

- **Cuidados:** A las plantas de sandía les gusta mucho el sol y un suelo que no absorba demasiada agua. Eso sí, deles mucha agua, sobre todo cuando haga calor y esté seco.

Aspectos a tener en cuenta

1. A las plantas de sandía les gusta extenderse, así que asegúrese de que tienen mucho espacio para crecer.

2. Recoja la sandía cuando la parte inferior pase de verde claro a amarillo cremoso.

Tomate

- **Partes comestibles:** Las partes redondas y jugosas de color rojo o amarillo.

- **Semillas:** En el interior del tomate se encuentran muchas semillas diminutas.

- **Cuidados adecuados:** A las tomateras les encanta el sol y la tierra ligera con buen drenaje. Riéguelos con regularidad para que la tierra esté siempre un poco húmeda.

Cosas para recordar

1. Las tomateras son plantas trepadoras por naturaleza, por lo que necesitan algo en lo que apoyarse y sostenerse, como palos o jaulas, para mantenerse erguidas mientras crecen.

2. Elimine las ramas sobrantes, llamadas chupones, para ayudar a la planta a utilizar su energía en la producción de frutos.

Vegetales

Zanahoria

- **Partes comestibles:** Las zanahorias tienen raíces largas y crujientes de color naranja que se pueden comer.

- **Semillas:** Para cultivar zanahorias, necesitará comprar semillas de zanahoria.

- **Cuidados adecuados:** Cuando quiera cultivar plantas de zanahoria, busque tierra suelta y arenosa. Riéguelas con regularidad para que la tierra se mantenga húmeda.

Cosas para recordar

1. Para ayudar a sus zanahorias, quite algunas de las plántulas para que cada zanahoria tenga espacio suficiente.

2. Ponga una capa de mantillo alrededor de las plantas para mantener la tierra fresca y ahorrar agua.

Calabaza

Calabaza[56]

- **Partes comestibles:** La pulpa, dulce y anaranjada, dentro de la dura cáscara exterior.

- **Semillas:** En el interior de la calabaza se pueden encontrar grandes semillas.

- **Cuidados adecuados:** Las calabazas necesitan mucho espacio para extenderse, por lo que su jardín debe ser lo suficientemente grande. Recuerde regarlas muy bien.

Cosas para recordar

1. A las plantas de calabaza les gusta tener mucho espacio, así que asegúrese de que tienen suficiente espacio para crecer grandes.

2. Recoja las calabazas cuando estén completamente maduras y el exterior esté duro.

Construya un jardín especializado

Un jardín especializado es un tipo de jardín poco común que se centra en cultivar tipos específicos de plantas o en crear un tema único. Es un jardín que gira en torno a una cosa en particular que le gusta mucho. Eche un vistazo a algunos buenos ejemplos:

1. **Jardín de mariposas:** Un jardín de mariposas está diseñado para atraer hermosas mariposas. Puede plantar flores de colores que las mariposas adoran, como margaritas y algodoncillo. Al crear un

jardín de mariposas, podrá verlas revolotear y posarse en las flores, en busca de alimento.

2. **Jardín de hadas:** Un jardín de hadas es un jardín mágico lleno de pequeños adornos y plantas. Creará un minimundo para que las hadas lo visiten utilizando casitas, muebles diminutos e incluso figuritas de hadas. Plantar flores pequeñas, como nomeolvides y pensamientos, aumenta el encanto. ¿Quién sabe? Puede que algún día encuentre un hada escondida en su jardín.

3. **Jardín de pizzas:** Un huerto de pizzas es la mejor idea que se le ha ocurrido a nadie. En él puede plantar ingredientes para hacer tantas pizzas como quiera. Puede plantar tomateras para la salsa, albahaca para las hierbas, pimientos para los ingredientes e incluso cebollas. Es un jardín lleno de las cosas deliciosas que necesita para hacer sus propias pizzas caseras.

Capítulo 4: Hierbas y flores

Las hierbas son los primos geniales del mundo vegetal. Son pequeñas, pero poderosas, con hojas que puede utilizar para hacer que su comida sepa deliciosa. La pizza espolvoreada con orégano es un buen ejemplo. La mayoría de las hierbas también tienen poderes que probablemente desconocías. Algunas, como la manzanilla, pueden ayudarle a relajarse y a dormir bien. Otras, como la menta piperita, pueden aliviar el malestar estomacal. Las flores, por su parte, son artistas de la naturaleza. Pintan el mundo con su impresionante belleza. Desde las alegres caras de las margaritas hasta los delicados pétalos de las rosas, las flores tienen todo tipo de formas, tamaños y colores. Son un ejemplo vivo del arte de la naturaleza.

El valor de cultivar hierbas y flores en su jardín

1. **Colores y belleza:** Cuando usted cultiva hierbas y flores, consigue tener todo tipo de colores en su jardín. Puede estar lleno de rojo brillante, amarillo alegre y bonitas flores moradas.

2. **Fragancias y aromas:** ¿Alguna vez ha olido una flor y automáticamente se ha sentido mejor? Las flores tienen olores diferentes; algunas son frescas o incluso picantes. Algunas huelen deliciosamente dulces, mientras que otras son más tranquilizantes. Cultivar flores en su jardín significa que podrá disfrutar de todos estos olores y hacer que su jardín huela fantástico para cualquiera que decida visitarlo.

3. **Ayudar a las abejas y las mariposas:** Las abejas y las mariposas son más importantes para el mundo de lo que cree, y necesitan toda la ayuda posible para su importantísima misión. Ayudan a las plantas trasladando el polen de una flor a otra, y esto ayuda a que crezcan nuevas plantas y se produzcan más alimentos. Si cultiva hierbas y flores en su jardín, alimentará a estos polinizadores con todo el néctar que necesiten. Vendrán zumbando y volando, haciendo de su jardín su lugar de reunión favorito.

4. **Sabrosos sabores:** Las hierbas aromáticas también potencian el sabor de sus alimentos. ¿Ha probado alguna vez la albahaca fresca en la salsa de la pasta o las hojas de menta en la limonada? Si cultiva hierbas aromáticas en su huerto, podrá añadir todos estos sabores y muchos más a sus comidas. Tendrá una mini tienda de hierbas en el exterior.

5. **Compartir y regalar:** Puede coger un ramo de hermosas flores de su jardín y regalárselas a alguien especial. Así alegrará el día a alguien con un regalo muy sencillo.

Hierbas y flores útiles para cultivar en el jardín

Tanto si tiene mano para las plantas como si acaba de empezar su primer jardín, estas hierbas y flores han sido diseñadas específicamente para jardines infantiles. Aquí tiene diferentes hierbas y flores que son fáciles de cuidar, muy bonitas a la vista y encantadoras al olfato. Eche un vistazo:

Hierbas para jardines infantiles

Albahaca (Ocimum basilicum)

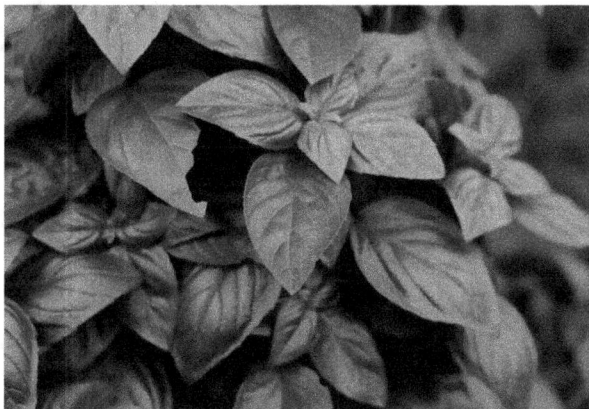

Albahaca[57]

- **Descripción:** La albahaca es una hierba única con hojas que huelen y saben increíblemente bien. Existe en diferentes tipos, como la albahaca dulce, la albahaca limón y la albahaca morada.

- **Plantación:** Plante la albahaca en un suelo que reciba mucha luz solar. Asegúrese de que la tierra no esté demasiado húmeda y de que haya espacio entre cada planta.

- **Riego:** Riegue la albahaca lo suficiente para mantener la tierra húmeda, pero no empapada. No olvide regarla con regularidad, sobre todo en los días calurosos.

- **Consejo:** Si quiere más hojas de albahaca para cocinar, pellizque las florecillas que crecen en la parte superior.

Menta (Mentha spp.)

- **Descripción:** La menta es una hierba refrescante que huele como una brisa fresca. Hay diferentes tipos, pero los más populares son la menta piperita y la menta verde.

- **Plantación:** Plante la menta en una maceta o en una parte separada del jardín porque se propaga rápidamente. Le gusta un poco de sombra, ya que no le gusta pasar demasiado calor.

- **Riego:** Mantenga la tierra húmeda, pero no empapada. A la menta le gusta beber agua con regularidad, sobre todo cuando hace calor.

- **Consejo:** Para que la menta se mantenga tupida y no crezca demasiado, recorte los tallos con regularidad.

Cebollino (Allium schoenoprasum)

- **Descripción:** El cebollino se parece a la cebolleta, pero es más pequeño y tiene unas bonitas flores moradas. Además, su sabor es delicioso.

- **Plantación:** Coloque los cebollinos en zonas con algo de luz solar, pero no demasiada. Deje espacio entre cada planta.

- **Riego:** El cebollino necesita beber agua con regularidad, pero deja que la tierra se seque un poco entre riego y riego.

- **Consejo:** Recorte las hojas largas de la parte inferior para ayudar a que crezcan hojas nuevas. También conviene quitar las flores antes de que florezcan.

Eneldo (Anethum graveolens)

- **Descripción:** El eneldo tiene hojas plumosas y flores amarillas brillantes que encantan a las mariposas.
- **Plantación:** Plante el eneldo en un lugar que reciba mucho sol. Deje algo de espacio entre cada planta.
- **Riego:** Riegue el eneldo lo suficiente para que la tierra se mantenga húmeda, pero no demasiado.
- **Consejo:** Coseche las hojas y las semillas a menudo para mantener la planta sana y evitar que florezca demasiado rápido.

Lemon Balm (Melissa officinalis)

- **Descripción:** La melisa tiene unas bonitas florecillas blancas y hojas que huelen a limón.
- **Plantación:** Coloque la melisa en un lugar ligeramente soleado. Deje un poco de espacio entre cada planta.
- **Riego:** Mantenga la tierra húmeda regando con regularidad.
- **Consejo:** Recorte la planta a menudo, sobre todo la parte superior, para que crezca más llena y no demasiado alta.

Flores para jardines infantiles

Caléndula (Tagetes spp.)

Caléndulas[58]

- **Descripción:** Las caléndulas tienen flores de colores brillantes como el amarillo, el naranja y el rojo. Parecen pequeños soles.
- **Plantación:** Coloque las caléndulas en una zona que reciba mucho sol. Dele a cada planta espacio suficiente para crecer.
- **Riego:** Riegue las caléndulas cuando la tierra esté seca y no olvide darles de beber con regularidad.
- **Consejo:** Si quita las flores que han terminado de florecer, dejará espacio para que crezcan otras nuevas.

Girasol (Helianthus annuus)

- **Descripción:** Los girasoles son plantas altas con flores grandes y alegres que siguen al sol en sus desplazamientos por el cielo.
- **Plantación:** Plante las semillas de girasol directamente en un suelo que reciba mucho sol. Deje espacio a cada planta para que crezca, ya que pueden llegar a ser enormes.
- **Riego:** Riegue los girasoles cuando la tierra esté seca. Les gusta beber agua con regularidad.
- **Consejo:** Utilice palos o soportes para ayudar a los girasoles altos a mantenerse erguidos.

Capuchina (Tropaeolum majus)

- **Descripción:** Las capuchinas tienen flores de bonitos colores como el rojo, el naranja y el amarillo. También tienen un sabor un poco picante.
- **Plantación:** Plante las capuchinas bajo un poco de sol, pero no demasiado. Deje espacio a cada planta para que se extienda.
- **Riego:** Riegue las capuchinas cuando la tierra esté seca. Les gusta estar un poco secas entre riego y riego.
- **Consejo:** Si quita las flores que se han marchitado, seguirán creciendo más flores nuevas.

Zinia (Zinnia spp.)

- **Descripción:** Las zinias vienen en muchos colores, como rosa, púrpura, rojo y naranja.
- **Plantación:** Plante las zinias donde reciban mucho sol. Cada planta necesita su propio espacio para crecer adecuadamente.

- **Riego:** Riegue las zinias cuando sienta que la tierra está seca. Les gusta beber agua con regularidad.

- **Consejo:** Si quita las flores que han terminado de florecer, seguirán saliendo nuevas.

Pensamiento (Viola spp.)

Pensamientos[59]

- **Descripción:** Los pensamientos tienen flores con caras bonitas en colores como el morado, el amarillo, el azul y el blanco. Parece como si le sonrieran.

- **Plantación:** A los pensamientos les gustan los lugares soleados y a veces un poco de sombra. También necesitan espacio para crecer.

- **Riego:** Riegue los pensamientos cuando la tierra esté seca. Les gusta estar un poco secos entre riego y riego.

- **Consejo:** Pode las partes altas de la planta para que crezca más tupida. Y si quita las flores que ya están hechas, seguirán floreciendo más flores.

Uso de las hierbas en la cocina

Las hierbas añaden sabor y aroma a los platos, le llevan de paseo por el mundo culinario y le permiten ser creativo en la cocina. Aquí tiene algunas hierbas y recetas con las que puede experimentar:

- **Albahaca:** La albahaca tiene un sabor dulce y ligeramente picante. Es perfecta para añadir a ensaladas, platos de pasta y sándwiches. Puede probar a hacer brochetas caprese ensartando tomates cherry, bolitas de mozzarella y hojas de albahaca fresca en brochetas. Rocíelas con un poco de aceite de oliva y glaseado balsámico para obtener un aperitivo sabroso y colorido.

- **Menta:** La menta tiene un sabor refrescante y fresco. Puede añadirla a sus bebidas, ensaladas y postres. Una idea divertida es preparar limonada de menta exprimiendo zumo de limón fresco, añadiendo unas hojas de menta picadas y endulzándolo con un poco de miel o azúcar. Mézclelo todo con agua y hielo, y ya está lista.

- **Cebollino:** El cebollino tiene un suave sabor a cebolla. Se puede espolvorear sobre sopas, patatas asadas y huevos revueltos. Puede preparar tortillas de cebollino batiendo huevos, añadiendo cebollino picado, queso rallado y una pizca de sal. Cocine la mezcla en una sartén hasta que cuaje y disfrute de un desayuno delicioso y repleto de proteínas.

- **Eneldo:** El eneldo tiene un sabor único que suele asociarse a los encurtidos. Combina bien con pescado, patatas y ensaladas. Pruebe a preparar una salsa cremosa de eneldo mezclando yogur griego, eneldo picado, ajo en polvo y un chorrito de zumo de limón. Sírvalo con palitos de zanahoria, rodajas de pepino o galletas integrales para disfrutar de algo sano y sabroso.

- **Romero:** El romero tiene un sabor fuerte y aromático. Es ideal para condimentar vegetales asados, pollo y patatas. Puede probar las patatas asadas al romero mezclando las patatas cortadas en dados con aceite de oliva, hojas de romero picadas, sal y pimienta. Hornéelas hasta que estén crujientes y doradas.

Ideas de diseño para su jardín de hierbas y flores

1. **Pradera arcoíris**

   Cree un arcoíris en su jardín plantando flores de distintos colores en hileras o racimos. Empiece con flores rojas como rosas o tulipanes, luego continúe con caléndulas naranjas, girasoles amarillos, helechos verdes, pensamientos azules, petunias añiles y, por último, lavanda morada.

2. **Recipientes coloridos**

   Si utiliza macetas o recipientes, píntelos de colores vivos y divertidos, en tonos rojos, amarillos o incluso azules. Después, plante flores diferentes en cada recipiente, a juego con los colores de las macetas. Por ejemplo, podría plantar geranios rojos en la maceta roja, caléndulas amarillas en la maceta amarilla y lobelias azules en la maceta azul.

3. **El paraíso de los polinizadores**

   Diseñe un jardín que atraiga a polinizadores como abejas y mariposas. Escoja flores coloridas y ricas en néctar, como el bálsamo de abeja, las caléndulas y los girasoles. También puede añadir algunas hierbas como lavanda, menta o albahaca, que también gustan a los polinizadores.

4. **Sensaciones sensoriales**

   Intente construir un jardín que despierte todos los sentidos. Elija flores con diferentes texturas; algunas comunes son la oreja de cordero lanuda o los pensamientos aterciopelados. Incluya plantas con olores interesantes, como geranios perfumados o cosmos con aroma a chocolate. Incluso puede añadir campanillas de viento o una pequeña fuente de agua que emita sonidos relajantes.

Capítulo 5: Tiempo de cosecha

Es hora de celebrar todo el trabajo duro que ha invertido en su huerto y de prepararse para recoger las recompensas que tanto le ha costado ganar. Cosechar significa recoger las frutas, hortalizas y hierbas cultivadas en su huerto. Es un momento emocionante y gratificante de la jardinería. Ha regado, cuidado y visto crecer sus plantas, y ahora es el momento de disfrutar de los frutos de su trabajo. Es un momento especial cuando ve cómo su duro trabajo se transforma en algo que puede saborear, oler y disfrutar.

La cosecha le permite ver el duro trabajo que ha invertido en su huerto[60]

Saber cuándo cosechar

Es fácil saber cuándo la fruta, el vegetal y las hierbas están listas para la cosecha si sabe en qué fijarse. Aquí tiene algunas pistas:

- **Color:** Las frutas y vegetales maduros tienen colores brillantes y evidentes. Por ejemplo, las fresas adquieren un color rojo brillante cuando están listas para ser recogidas, y las zanahorias un intenso color naranja. Así que esté atento a los colores llamativos.

- **El tamaño importa:** A medida que las frutas y vegetales crecen, se hacen más grandes y alcanzan un tamaño determinado cuando están en su punto. Por ejemplo, los calabacines deben medir entre 15 y 20 cm antes de ser recolectados. Así que compare el tamaño de sus plantas con fotos o muestras para ver si están listas.

- **Madurez:** La madurez tiene que ver con el sabor y la textura. Algunas frutas y vegetales se vuelven más dulces y jugosas a medida que maduran. Por ejemplo, cuando las sandías están listas, suenan huecas al darles un golpecito y tienen un aroma dulce. Los tomates están maduros cuando están firmes pero ligeramente blandos al apretarlos suavemente. Y las hierbas aromáticas están en su mejor momento cuando desprenden un fuerte aroma. Confíe en sus sentidos para saber si algo está maduro y listo para meterlo en la cesta.

Por supuesto, no todo en el huerto madura al mismo tiempo. Algunas plantas tardan más, mientras que otras están listas antes. Así que revise sus plantas con regularidad para verlas en su momento más sabroso.

Cómo cosechar distintas frutas, vegetales y hierbas aromáticas

- **Cortar los cultivos**

A la hora de cosechar los diferentes cultivos del huerto, puede utilizar varios métodos. Utilice tijeras o podadoras para cortar con cuidado cultivos como la lechuga. Sujete el tallo de la lechuga con cuidado y córtelo cerca de la base. Recuerde cortar solo lo necesario para que la planta pueda seguir creciendo y produciendo más.

• Recoger frutas y vegetales

Para recoger fresas, sujételas suavemente y deles un tirón[61]

Para recoger frutas y vegetales como tomates, fresas o pepinos, utilice las manos. Agarre la fruta o vegetal con cuidado y dele un pequeño giro o tirón. Si se desprende fácilmente de la planta, está lista para ser recolectada.

• Tirar suavemente

Algunos cultivos, como las zanahorias o los rábanos, se arrancan directamente de la tierra. Sujete firmemente las hojas verdes cerca de la base y tire suavemente de ellas. Las hortalizas de raíz saldrán con un satisfactorio "pop". Tenga cuidado de no tirar demasiado fuerte, o las hojas podrían desprenderse sin la raíz.

- Cortar hierbas

Las hierbas como la albahaca, la menta o el perejil tienen sus propias técnicas especiales. El mejor momento para cosechar hierbas es por la mañana, después de que el rocío se haya secado, pero antes de que haga demasiado calor. Es entonces cuando las hierbas tienen más sabor. Para cosecharlas, utilice tijeras o podadoras para cortar las hojas o los tallos justo por encima de un grupo de hojas. De este modo, la planta puede crecer y producir más hojas.

Si tiene más hierbas de las que puede utilizar de inmediato, puede conservarlas para más adelante. Una forma es secarlas. Reúna un manojo de tallos de hierbas, átelos con un cordel y cuélguelos boca abajo en un lugar fresco y seco. Una vez secas y crujientes, desmenuce las hojas en un tarro para utilizarlas en el futuro. Otra opción es congelar las hierbas. Píquelas, colóquelas en moldes para cubitos de hielo y llené cada cubito con agua. Métalos en el congelador y, cuando necesite hierbas para una receta, coja un cubito y métalo.

Cuidar la cosecha

Cuidar su cosecha la mantiene fresca y deliciosa. Cuando coseche cualquier cosa, evite magullar o dañar sus preciados productos para mantenerlos frescos durante más tiempo. Las frutas y vegetales pueden magullarse o aplastarse si no tiene cuidado, lo que hace que se estropeen antes. Pero si las tratas con cuidado, se mantienen sabrosas.

Además, se ha esforzado mucho en cultivar su huerto y quiere disfrutar de los frutos (y vegetales) de su trabajo. Si las trata con cuidado, demostrará que respeta su duro trabajo. Además, comer algo que tiene tan buen aspecto como sabor es más divertido. Lleve una cesta o un recipiente cuando salga a recolectar. En su interior puede colocar con cuidado la fruta, el vegetal y las hierbas aromáticas, para que se mantengan seguras y a buen recaudo. Las cestas o recipientes protegen los productos y evitan que se aplasten o se golpeen cuando se mueve por el huerto.

Coseche sus recetas

Puede preparar deliciosos platos con los ingredientes que ha cultivado. Aquí le presentamos algunas recetas sencillas y fáciles que puede probar en casa:

- **Pizza de vegetales de la huerta**

Para esta receta, necesitará una masa de pizza, salsa de tomate y tantos vegetales frescos como pueda obtener de su huerto. Empiece untando la masa con la salsa de tomate. Luego, puede ser muy creativo y añadir sus productos favoritos, como tomates, pimientos, cebollas e incluso hojas de albahaca. Póngale queso por encima y pídale a un adulto que le ayude a hornearlo hasta que el queso esté bien espumoso.

- **Parfait de fresas frescas**

Esta es la receta más fácil para sus fresas cultivadas en el jardín. Ponga en un vaso transparente o en una taza elegante, fresas frescas, una cucharada de yogur y un poco de granola o galletas trituradas. Repita las capas hasta llenar el vaso y listo.

- **Envolturas vegetales**

Para estos sabrosos wraps, necesitará hojas grandes de lechuga (como la lechuga romana o la lechuga mantecosa) de su jardín, pepinos en rodajas, zanahorias ralladas y cualquier otro vegetal que le guste. Unte la hoja de lechuga con un poco de hummus cremoso o queso fresco y, a continuación, ponga los vegetales. Enróllelo como un burrito y tendrá un envoltorio fresco listo para comer.

- **Bocaditos de calabacín con queso**

Los calabacines son una hortaliza fantástica para esta receta. Ralle un calabacín y exprima el exceso de humedad. Mézclelo con pan rallado, queso rallado, un huevo (con la ayuda de un adulto) y algunos condimentos como sal y pimienta. Forme pequeñas hamburguesas con la mezcla y cocínelas en una sartén hasta que se doren por ambos lados.

- **Pimientos rellenos**

Los pimientos morrones son coloridos y constituyen un recipiente estupendo para el relleno. Corte la parte superior de los pimientos y quíteles las semillas. Mezcle en un bol, arroz cocido, tomates cortados en dados, granos de maíz, carne picada cocida (como ternera o pavo) y un poco de queso rallado. Vierta la mezcla en los pimientos huecos. Colóquelos en una bandeja de horno y pida a un adulto que los hornee hasta que los pimientos estén tiernos y el relleno caliente y burbujeante.

Cocinar es una forma de expresar su creatividad, así que no dude en modificar estas recetas para adaptarlas a su gusto y a los ingredientes que tenga a mano. Experimentar con los sabores de su huerto es una forma maravillosa de apreciar la magia de cultivar sus propios alimentos, así que diviértase en la cocina y disfrute de las recompensas de la cosecha de su huerto.

Capítulo 6: Amigos y plagas del jardín

Este capítulo es para las diminutas criaturas que desempeñan algún tipo de papel en todos los espacios verdes. Aprenderá cuáles son los útiles y los no tan útiles y cómo pueden afectar a su jardín. Toda finca o jardín tiene una comunidad de insectos y animales zumbando o correteando. Algunos de ellos son los campeones de su jardín, como las abejas y las mariquitas, que trabajan duro para polinizar las flores y comerse las plagas dañinas que pueden estropear sus plantas. Los otros son bichos que causan problemas. Son las plagas, como los pulgones o las babosas, que se alimentan de sus plantas y las enferman. No son los mejores invitados a la fiesta de su jardín, pero no se preocupe, puede controlarlos.

Si aprende a conocer los distintos tipos de insectos y animales de su jardín, se convertirá en un detective experto que sabrá identificarlos, comprender su comportamiento y determinar si son beneficiosos o perjudiciales. De ese modo, podrá crear un jardín en el que los bichos buenos sean bienvenidos y las plagas se queden en la puerta.

Insectos beneficiosos

He aquí algunos insectos beneficiosos y polinizadores que puede encontrar en los jardines, junto con consejos sobre cómo atraerlos:

- Abejas

Las abejas son unos polinizadores fantásticos[62]

Los polinizadores son como los superhéroes del mundo vegetal. Las abejas son un ejemplo famoso, pero las mariposas, los colibríes e incluso algunos murciélagos son polinizadores.

Esto es lo que hacen: Cuando van de flor en flor para beber néctar, que es un líquido dulce que fabrican las flores, se impregnan de polen. El polen es una sustancia amarilla en polvo que las plantas necesitan para producir semillas.

Cuando un polinizador visita otra flor, el polen se frota en esa flor. Esto ayuda a la flor a crear semillas que pueden convertirse en nuevas plantas. Es como si los polinizadores ayudaran a las flores a enviarse mensajes para crear más flores. Gracias a los polinizadores, tenemos muchas frutas y vegetales para comer, al igual que muchos animales salvajes. Así que, la próxima vez que vea una abeja zumbando alrededor de las flores, ¡recuerde que está haciendo un trabajo superimportante!

Así que asegúrese de plantar varias plantas con flores de diferentes formas y colores para atraer a las abejas a su jardín. A las abejas les encantan flores como los girasoles, la lavanda y las flores silvestres. Además, procure tener cerca una fuente de agua poco profunda, como un pequeño plato con piedras para que se posen sobre ellas, de modo que puedan mantenerse hidratadas mientras vuelan haciendo de las suyas.

• Mariquitas

Las mariquitas se comen las plagas dañinas[68]

Las mariquitas son insectos adorables y útiles que se comen plagas dañinas como los pulgones. Para atraerlas, cultive plantas como eneldo, hinojo y caléndula. También puede crear una casa para mariquitas atando unos cuantos palos pequeños o trozos de bambú y colocándolos en un lugar protegido. Las mariquitas se instalarán en cuanto la encuentren y le ayudarán a mantener su jardín libre de plagas.

• Mariposas

Las mariposas no solo son hermosas, sino también importantes polinizadoras. Plante flores ricas en néctar, como algodoncillo, zinnias y lantanas, para atraer a las mariposas. Cree un charco para mariposas llenando un plato poco profundo con arena y manteniéndolo húmedo. A las mariposas les encanta beber agua y extraer minerales de la arena húmeda.

- Escarabajos de tierra

Los escarabajos de tierra se dan un festín de plagas"

Los escarabajos de tierra son cazadores nocturnos que se dan un festín de babosas, caracoles y otras plagas. Para atraerlos, prepare una casita para ellos con mantillo o montones de hojas. También les gustan las plantas con flores pequeñas, como las margaritas y los ásteres. Manteniendo la diversidad de su jardín y preparando escondites, hará saber a estos escarabajos que son bienvenidos para quedarse y ayudar.

- Crisopas

Las crisopas son insectos delicados que consumen pulgones, cochinillas y otras plagas de cuerpo blando. Plante flores ricas en polen y néctar, como dientes de león, cosmos y coreopsis, para atraer crisopas. También puede comprar huevos o larvas de crisopa en tiendas de jardinería y soltarlos para que crezcan y se multipliquen en su jardín.

- Moscas cernidoras

Las moscas cernidoras, también conocidas como moscas de las flores, son excelentes polinizadoras y devoradoras de pulgones. Para atraerlas, incluya en su jardín plantas como la milenrama, las margaritas y la caléndula. Les encantan las flores con la parte superior plana, donde pueden posarse fácilmente. Evite el uso de pesticidas químicos porque las moscas voladoras son sensibles a ellos y pueden enfermar.

Plagas dañinas

He aquí algunas plagas comunes del jardín y consejos para controlarlas:

• Pulgones

Los pulgones son pequeños insectos chupadores de savia que pueden dañar las plantas. Para combatirlos, estimule a los depredadores naturales, como mariquitas y crisopas, plantando flores que los atraigan, como margaritas e hinojo. También puede pulverizar una mezcla de agua y detergente suave sobre las plantas afectadas para ahuyentar a los pulgones.

• Mosca blanca

La mosca blanca se alimenta de la savia de las plantas[65]

La mosca blanca es un insecto volador diminuto que se alimenta de la savia de las plantas y puede provocar el amarilleamiento y marchitamiento de las hojas. Para controlar la mosca blanca, introduzca en su jardín enemigos naturales como avispas parásitas y escarabajos depredadores. Las trampas adhesivas amarillas colocadas cerca de las plantas infestadas también pueden ayudar a capturar moscas blancas adultas.

• Babosas y caracoles

Las babosas y los caracoles son plagas nocturnas capaces de abrir agujeros en hojas y tallos. Para controlarlos, deben colocarse barreras físicas como cinta de cobre o *tierra de diatomeas* alrededor de las plantas vulnerables. La tierra de diatomeas es una sustancia pulverulenta muy interesante que procede de los restos fosilizados de unas diminutas criaturas acuáticas llamadas diatomeas. Las diatomeas son algas muy pequeñas con un caparazón duro. Durante millones de años, estas conchas se amontonaron en el fondo de los océanos o lagos y se convirtieron en una especie de roca. Cuando esta roca se tritura, se convierte en un fino polvo blanco: ¡es la tierra de diatomeas!

Es una especie de polvo mágico para los jardineros, porque ayuda a mantener a los insectos alejados de las plantas sin utilizar productos químicos. Funciona pegándose a los bichos que se arrastran sobre ella y, como es afilada a nivel microscópico, los araña y hace que pierdan agua y se sequen. Pero no se preocupe, es seguro para las personas y los animales domésticos si se utiliza correctamente.

También puede colocar trampas para babosas llenas de cerveza o solución de levadura para atraerlas y ahogarlas. De otra forma, puede ser eficaz recogerlas a mano de las plantas por la noche o temprano por la mañana y deshacerse de ellas.

Cómo identificar y controlar las plagas

Estos son algunos métodos que puede probar para ayudarle a identificar y controlar las plagas de su jardín.

Control físico

1. Observe atentamente sus plantas y compruebe si hay signos de plagas, como agujeros en las hojas o tallos masticados.

2. Si detecta plagas, puede eliminarlas físicamente arrancándolas suavemente con las manos o utilizando pinzas.

3. Para las plagas más grandes, como babosas o caracoles, puede colocar barreras alrededor de las plantas con materiales como cáscaras de huevo trituradas o tierra de diatomeas. Estas dos cosas crean una superficie rugosa por la que a las plagas no les gusta arrastrarse.

4. También puede colocar trampas, como platos poco profundos llenos de cerveza o solución de levadura, para atraer y atrapar plagas como las babosas. Recuerde revisar las trampas con regularidad y desechar las plagas atrapadas que encuentre.

Normas de seguridad

- Lávese siempre bien las manos después de manipular las plagas.
- Si no está muy seguro de cómo manipular una plaga concreta, pida ayuda a un adulto.

Control biológico

1. Aprenda sobre los insectos buenos que pueden ayudar a controlar las plagas en su jardín, como las mariquitas o las mantis religiosas.
2. Cree un entorno acogedor para estos insectos plantando flores que los atraigan, como margaritas o caléndulas.
3. También puede comprar o construir casas o refugios especiales diseñados para ellos.
4. Una vez que los insectos beneficiosos se instalan, se comen de forma natural a las plagas y ayudan a mantener su número bajo control.

Normas de seguridad

- Tenga cuidado al manipular los insectos beneficiosos para no dañarlos.
- Evite los pesticidas químicos, ya que pueden perjudicar a los insectos beneficiosos y al ecosistema de su jardín.

Control cultural

1. Practique una buena higiene del jardín, retirando regularmente las hojas caídas, las malas hierbas y la suciedad. Las plagas suelen esconderse en estas zonas.
2. Rote sus cultivos cada año. Esto significa plantar distintos tipos de plantas en lugares diferentes. Así, evita que las plagas se acumulen en el suelo y ataquen a las mismas plantas año tras año.
3. Riegue bien las plantas. A algunas plagas les gusta quedarse en las hojas mojadas, así que es mejor regar las plantas por la base y evitar el exceso de agua.

Normas de seguridad

- Utilice guantes para protegerse las manos de objetos afilados o espinas cuando limpie los restos del jardín.

Métodos de control holísticos y no químicos

1. Elabore sus propios repelentes naturales de plagas. Por ejemplo, puedes mezclar agua y jabón líquido suave para crear un espray que ahuyente plagas como los pulgones.

2. Plante plantas de compañía que repelan las plagas. Algunas plantas, como las caléndulas o la albahaca, tienen propiedades naturales que no gustan a las plagas.

3. Cree un ecosistema de jardín saludable atrayendo pájaros, mariposas y otros animales beneficiosos. Pueden ayudar a controlar las plagas de forma natural.

Normas de seguridad

- Siga cuidadosamente las instrucciones y medidas cuando haga repelentes de plagas caseros.

- Pida ayuda a un adulto cuando manipule o mezcle los ingredientes.

- Observe y controle su jardín con regularidad porque los problemas de plagas pueden surgir en cualquier momento.

Capítulo 7: Consejos y resolución de problemas

A estas alturas, probablemente esté de acuerdo en que la jardinería es una forma estupenda de tener sus propias plantas, ya sean hermosas flores o jugosos vegetales. Pero este método no es infalible; a veces, las plantas también tienen problemas. Pero no se preocupe, porque la mayoría de estos problemas pueden solucionarse con algunos conocimientos y acciones sencillas. En este capítulo, verá algunos problemas comunes a los que suelen enfrentarse los jardineros, cómo reconocerlos y qué hacer al respecto. Esto debería servirle para empezar:

Plagas

- **Reconózcalas:** Busque pequeños insectos o agujeros en las hojas.

- **Actúe:** Elimine las plagas a mano o con sprays naturales como agua jabonosa.

Malas hierbas

Las malas hierbas pueden dañar sus plantas[66]

- **Reconózcalas:** Observe que crecen plantas no deseadas entre sus flores u hortalizas.

- **Actúe:** Arranque las malas hierbas a mano, *asegurándose de arrancar las raíces.*

Enfermedades

- **Reconózcalas:** Observe manchas, decoloración o marchitamiento en las plantas.

- **Actúe:** Retire las hojas o plantas infectadas y utilice fungicidas orgánicos si el aspecto es demasiado grave.

Riego excesivo

- **Reconózcalas:** Observe si el suelo está encharcado o si las hojas están amarillentas y caídas.

- **Actúe:** Reduzca el riego y deje que la tierra se seque entre riegos.

Riego insuficiente

- **Reconózcalas:** Busque hojas secas y crujientes o plantas marchitas.

- **Actúe:** Riegue las plantas a fondo y con regularidad, asegurándose de que la tierra esté húmeda.

Deficiencia de nutrientes

- **Reconózcalas:** Observe que las plantas amarillean o se atrofian.

- **Actúe:** Añada abonos orgánicos o composta para completar los nutrientes del suelo.

Quemaduras solares

- **Reconózcalas:** Observe manchas marrones y secas en hojas o tallos.

- **Actúe:** Proporcione sombra a la planta durante las horas más calurosas del día.

Suelo pobre

- **Reconózcalas:** El suelo está seco, duro u opaco.

- **Actúe:** Añada abono o materia orgánica para mejorar la calidad del suelo.

Polinización deficiente

- **Reconózcalas:** Observe la caída de frutos o flores pequeños o con formas extrañas.

- **Actúe:** Atraiga a polinizadores como las abejas plantando flores o utilizando pulverizadores apícolas.

Poda inadecuada

- **Reconózcalas:** Observe ramas desiguales o dañadas en las plantas.

- **Actúe:** Utilice tijeras de podar limpias para recortar correctamente las plantas. Asegúrese de saber dónde cortar cada planta. Si no está seguro, pida ayuda a un adulto.

Desafíos estacionales

Cada estación trae consigo sus propios obstáculos, desde un tiempo imprevisible hasta las plagas más desagradables. Pero, como siempre, no hay nada de que preocuparse porque, con algunos conocimientos y trucos inteligentes, puede superar estos retos y tener un jardín próspero todo el año.

Primavera

- **Reto:** Tiempo impredecible y cambios de temperatura.

- **Qué hacer:** Empiece a plantar las semillas en el interior o en un invernadero antes de sacarlas al exterior. Proteja las plantas jóvenes de las olas de frío cubriéndolas con un paño especial o una funda de plástico. Traslade las plantas en maceta al interior si prevé heladas.

Verano

- **Reto:** Las altas temperaturas y la falta de agua.

- **Qué hacer:** Riegue las plantas en profundidad y con regularidad; es mejor hacerlo a primera hora de la mañana o por la noche, cuando hace más fresco. Ponga una capa de mantillo (como paja o virutas de madera) alrededor de sus plantas para ayudar a mantener el suelo húmedo. Proporcione sombra a sus plantas utilizando sombrillas o un toldo temporal.

Otoño

- **Reto:** Días más cortos y tiempo más fresco.

- **Qué hacer:** Plante cultivos de temporada fría, como lechuga, espinacas y col rizada, a los que les gustan las temperaturas más frescas. Coseche las frutas y vegetales maduros antes de la primera helada. Utilice cubiertas o túneles de plástico para proteger las plantas de las heladas y mantenerlas en crecimiento durante más tiempo.

Invierno

- **Reto:** Temperaturas bajo cero y heladas.

- **Qué hacer:** Lleve las plantas en maceta al interior o a un invernadero para mantenerlas calientes. Ponga una capa de mantillo alrededor de la base de las plantas para proteger sus raíces. Plante vegetales resistentes al frío, como las zanahorias.

Todas las estaciones

- **Reto**: Malas hierbas y plagas.

- **Qué hacer**: Arranque las malas hierbas con regularidad agarrándolas por la raíz. Atraiga a insectos útiles como mariquitas y mantis religiosas plantando flores que les gusten. Utilice métodos naturales de control de plagas, como plantar determinadas plantas juntas o utilizar bichos amistosos para que se coman a los malos.

Medidas preventivas en jardinería

Ser jardinero es algo más que poner semillas en la tierra y verlas crecer. Un jardinero también cuida de sus plantas y se asegura de que estén sanas y felices. Al igual que usted acude al médico para hacerse chequeos, sus plantas también necesitan revisiones periódicas. Al realizar controles rutinarios de la salud del jardín, puede buscar signos de problemas o daños en sus plantas y tomar medidas para mantenerlas vivas. He aquí algunas rutinas de inspección que debe practicar como buen jardinero:

Inspección visual diaria

- Observe atentamente sus plantas todos los días.

- Compruebe si hay hojas marchitas o caídas, lo que podría significar que la planta necesita agua.

- Busque agujeros o marcas de mordiscos en las hojas, que pueden indicar la presencia de plagas.

Comprobación del color de las hojas

- Examine el color de las hojas.

- Las hojas sanas deben ser verdes y brillantes.

- Si observa amarilleamiento, pardeamiento o manchas en las hojas, podría ser señal de un problema.

Comprobación de tallos y ramas

- Compruebe los tallos y ramas de sus plantas.

- Busque grietas, roturas o signos de daños.

- Asegúrese de que los tallos y las ramas son fuertes y no se doblan ni caen demasiado.

Inspección de flores y frutos

- Observe las flores y los frutos de sus plantas.
- Compruebe que se desarrollan correctamente y que no se marchitan ni se caen antes de tiempo.
- Busque cualquier signo de decoloración, manchas o moho en las flores o frutos.

Compruebe la humedad del suelo

- Toque suavemente la tierra alrededor de sus plantas con el dedo.
- Compruebe si está seca o demasiado húmeda. Las plantas necesitan tierra húmeda, no empapada ni seca.

Patrulla de plagas

- Vigile si sus plantas tienen bichos o insectos.
- Busque pequeñas criaturas rastreras o insectos voladores alrededor de las hojas o el suelo.
- Si detecta alguna plaga, tome nota y pida ayuda a un adulto para identificarla y tratarla.

Control de malas hierbas

- Examine su jardín en busca de plantas no deseadas (malas hierbas) que crezcan entre sus plantas.
- Arranque las malas hierbas que encuentre tirando suavemente de ellas desde la base.
- Asegúrese de arrancar toda la mala hierba, incluidas las raíces.

Consejos eficaces de jardinería

Mantenimiento regular del jardín

- **Consejo:** Cuide su jardín con regularidad para mantenerlo sano.
- **Qué hacer:** Elimine las malas hierbas, las hojas muertas y los residuos de los arriates. Pode las plantas para eliminar las ramas muertas o dañadas. Esté atento a las plagas y, actúe lo antes posible si detecta alguna.

Control de registros

- **Consejo:** Lleve un registro de sus actividades y observaciones en el huerto.

- **Qué hacer:** Utilice un cuaderno o un diario de jardinería para anotar información importante como las fechas de plantación, las variedades de plantas y cualquier cambio que observe en ellas. Esto le ayudará a hacer un seguimiento de sus progresos y a aprender de sus experiencias.

Análisis del suelo

Comprobar la salud del suelo puede ayudarle a asegurarse de que sus plantas reciben los nutrientes adecuados[67]

- **Consejo:** Revise la salud de su suelo para asegurarse de que sus plantas tienen los nutrientes adecuados.

- **Qué hacer:** Utilice un kit de análisis del suelo o lleve una muestra a un laboratorio para que la analicen. Esto le ayudará a saber si su suelo necesita alguna modificación, como añadir abono orgánico o fertilizante, para mejorarlo para sus plantas.

Técnicas de riego

- **Consejo:** Riegue sus plantas adecuadamente para darles la cantidad correcta de humedad.

- **Qué hacer:** Utilice una regadera o una manguera con una boquilla de pulverización suave. Riegue la base de las plantas, evitando las hojas. Riegue en profundidad, pero con menos frecuencia, dejando que la tierra se seque ligeramente entre riegos. Esto favorece el desarrollo de raíces fuertes.

Abono

- **Consejo:** Convierta sus restos de cocina en abono rico en nutrientes para su jardín.

- **Qué hacer:** Recoja restos de frutas y vegetales, posos de café y cáscaras de huevo. Colóquelos en un cubo o pila de compostaje. Añada hojas, recortes de césped o papel triturado. Voltee el montón de vez en cuando. Con el tiempo, se descompondrá en abono que podrá utilizar para alimentar el suelo.

Plantar para los polinizadores

- **Consejo:** Ayude a las abejas y mariposas plantando flores que les encanten.

- **Qué hacer:** Elija flores coloridas como zinias, cosmos y flores de cucurucho que atraen a los polinizadores. Plantéelas en su jardín o en macetas en el balcón o el alféizar de la ventana. En poco tiempo, recibirá un montón de hermosos y útiles visitantes.

Métodos de jardinería ecológica

La jardinería ecológica es una forma de cultivar plantas y alimentos sin utilizar productos químicos sintéticos (falsos) como pesticidas y fertilizantes. En cambio, se centra en utilizar métodos naturales para cuidar las plantas y crear un ecosistema sano en el jardín. Esto es bueno porque protege el medio ambiente, le mantiene sano y favorece el equilibrio de la naturaleza. He aquí algunos métodos de jardinería ecológica rápidos y sencillos que le ayudarán a convertirse en un jardinero respetuoso con el medio ambiente:

Plantar en compañía

- **Consejo:** Algunas plantas se hacen grandes amigas entre sí y se ayudan mutuamente a crecer.

- **Qué hacer:** Plante ciertas flores, hierbas u hortalizas juntas para que se protejan mutuamente de las plagas o se proporcionen beneficios recíprocos. Por ejemplo, puede plantar caléndulas cerca de tomates para mantener alejadas las plagas o albahaca cerca de tomates para aumentar el crecimiento de las raíces, el tamaño de la planta y la producción. Plantar tomillo cerca de fresas puede aumentar las posibilidades de obtener una buena cosecha. El tomillo es una hierba que atrae a las abejas.

Recuerde: las abejas son importantes para polinizar las flores de las fresas. Los girasoles y las calabazas son otra buena combinación. Los girasoles son altos y pueden dar sombra a las plantas de calabaza, lo que ayuda a mantener el suelo fresco y húmedo. Estos son solo algunos ejemplos, pero hay muchas otras plantas que se pueden cultivar juntas. Experimente y observe cómo las distintas plantas pueden ayudarse mutuamente, y quizá descubra algo que pueda enseñar a otros jardineros.

Utilice aceite de neem

- **Consejo:** El aceite de neem es una forma natural de mantener a los bichos alejados de sus plantas.

- **Qué hacer:** Para hacer aceite de neem en spray para plantas, necesitará aceite de neem, jabón líquido suave (como jabón para platos) y agua. Mezcle una cucharadita de aceite de neem y media cucharadita de jabón líquido suave en un recipiente pequeño. El jabón ayuda a que el aceite se mezcle con el agua. Tome una botella con pulverizador y llénela con 4 tazas de agua. Vierta la mezcla de aceite de neem y jabón en el pulverizador. Cierre bien el pulverizador y agítelo para que se mezcle todo. Rocíe esta mezcla en las hojas, tallos y otras partes de la planta con insectos. Asegúrese de rociar toda la planta, incluyendo la parte superior e inferior de las hojas. Este spray ayudará a eliminar insectos como pulgones, ácaros, mosca blanca y orugas. Utilice el pulverizador cada 7-14 días o cuando vea que vuelven los bichos.

Capítulo 8: Proyectos divertidos para el jardín

La jardinería puede ser una aventura práctica que le permita participar activamente en el jardín y pasárselo en grande, pero solo si está abierto a las posibilidades. Muchos proyectos de jardinería divertidos avivarán su creatividad, le enseñarán cosas nuevas y darán un nuevo tipo de vida a su espacio exterior. Considere estos proyectos como búsquedas en las que podrá crear, explorar y aprender de la naturaleza. La jardinería es mucho más de lo que se imagina. Desde crear arte en el jardín hasta construir un hotel para insectos, cada proyecto le ofrecerá una oportunidad única de ensuciarse las manos, dar rienda suelta a su imaginación y colaborar estrechamente con el mundo natural.

Crear arte en el jardín

Utilice guijarros para crear arte en el jardín[68]

Materiales necesarios:

- Piedras lisas o guijarros
- Pintura acrílica
- Pinceles
- Sellador (opcional)
- Barniz transparente o Mod Podge para exteriores (opcional)

Instrucciones:

1. **Reúna rocas:** Vaya a la caza de rocas lisas o guijarros de diferentes tamaños y formas. Asegúrese de que estén limpias y secas antes de empezar.

2. **Ideas de diseño:** Estudie qué tipo de arte quiere crear en el jardín. Podrían ser mariquitas, flores o incluso patrones coloridos.

3. **Pinte las rocas:** Coloque una superficie protectora, como un periódico o un mantel. Aplique una capa base sobre la roca con pintura acrílica para dar vida a sus ideas de diseño y, a continuación, añada detalles y colores para crear el diseño deseado. No se olvide de dejar secar cada capa de pintura antes de añadir más.

4. **Decore su jardín:** Una vez que sus rocas pintadas estén completamente secas, es hora de exhibirlas en su jardín. Encuentre el mejor lugar donde desee añadir un poco de arte de jardín. Puede colocarlas en un parterre, en un sendero del jardín o en una maceta. Coloque las rocas de forma que resalten la belleza de su jardín y aporten un toque de creatividad al espacio.

5. **Selle la obra de arte (requiere la supervisión de un adulto):** Aplique un sellador para proteger las obras de arte del jardín de las inclemencias del tiempo. Pida a un adulto que le ayude con este paso. Utilice un barniz transparente o Mod Podge para exteriores para sellar las rocas pintadas. Aplique una capa fina y uniforme, y deje que se seque por completo.

6. **Disfrute y aprenda:** Observe cómo su arte de jardín realza la belleza total de su jardín. Tome nota de cualquier cambio o reacción de los insectos o pájaros que visitan su arte de jardín. Aprenda sobre los diferentes insectos o animales que pueden verse atraídos por su arte y su papel en el ecosistema.

Prepare un jardín temático

Diseñar un jardín temático es una forma divertida de crear un espacio ajardinado con plantas que tengan un mensaje o una historia concretos. Es muy fácil y cualquiera puede hacerlo. Para empezar:

1. **Elija un tema:** El primer paso es elegir un tema para su jardín. Puede ser cualquier cosa que le guste, desde mariposas, dinosaurios y hadas hasta su libro o película favoritos. Piense en lo que le gusta y le emociona.

2. **Investigue el tema:** Cuando tenga un tema en mente, investigue un poco para saber más sobre él. Busque libros y páginas web, o pida ayuda a un adulto. Investigue qué tipos de plantas, colores y decoraciones se asocian con su tema.

3. **Planifique su jardín:** Dibuje en un papel un esquema sencillo del jardín. Piense dónde quiere colocar las distintas plantas y adornos. Recuerde dejar espacio suficiente para que sus plantas crezcan.

4. **Elija las plantas:** Ahora es el momento de elegir las plantas que van con su tema. Por ejemplo, si ha elegido un tema de mariposas, puede plantar flores que atraigan a las mariposas, como la lavanda o las caléndulas. Si ha elegido un tema de dinosaurios, puede optar por plantas de hoja verde que desprendan un aire de selva prehistórica. La col rizada, la lechuga y la albahaca son buenos ejemplos.

5. **Añada algunos adornos:** La decoración puede hacer que su jardín temático sea aún más realista. Puede hacer sus propios adornos con materiales de manualidades o encontrarlos ya hechos en una tienda. Por ejemplo, si elige un tema de hadas, puede añadir algunas estatuas de hadas pequeñas o una mini casa de hadas.

6. **Siembre y cuide su jardín:** Ahora es el momento de empezar a plantar. Siga las instrucciones de las etiquetas de las plantas o pida ayuda a un adulto. Asegúrese de regar las plantas con regularidad y darles suficiente luz solar. Las malas hierbas pueden competir con sus plantas por el agua y los nutrientes, por lo que debe vigilarlas y eliminarlas cuando las vea.

Proyectos de jardinería

Los proyectos de jardinería que encontrará aquí no solo son divertidos, sino que también le enseñarán conceptos importantes. Aquí tiene algunos proyectos que añadirán un poco de conocimiento a su experiencia de jardinería:

Proyecto del ciclo del agua

El ciclo del agua explica cómo se mueve el agua alrededor de la tierra. Puede aprenderlo creando su propio mini-ciclo del agua en un tarro. Le explicamos cómo:

1. Busque un tarro de cristal transparente y llénelo de agua hasta un tercio.

2. Ponga un plato pequeño o una envoltura de plástico encima del tarro, asegurándose de que quede bien cerrado.

3. Coloque el tarro en un lugar soleado, como el alféizar de una ventana, y observe lo que ocurre durante unos días.

4. A medida que el sol calienta el agua, el agua se evapora y verá cómo se forman gotitas de agua en el fondo del plato o del envoltorio de plástico. Las gotitas son el resultado de un proceso llamado condensación y simbolizan las nubes.

5. Al cabo de un rato, las gotitas caerán y volverán al agua del tarro, simbolizando la lluvia que cae de las nubes. Esta parte del ciclo se llama *precipitación*.

Este proyecto muestra cómo el agua se evapora de la superficie terrestre, forma las nubes y luego vuelve en forma de lluvia, completando el ciclo del agua.

Proyecto sobre el ciclo vital de las mariposas

Las mariposas experimentan una fascinante transformación llamada metamorfosis. Puede aprender sobre su ciclo vital creando un jardín de mariposas y observando sus etapas. Esto es lo que puede hacer:

1. Busque un lugar soleado en el jardín o una maceta grande y llénela de tierra.

2. Plante algunas flores aptas para las mariposas, como el algodoncillo, que sirve de alimento a las orugas, y otras flores ricas en néctar, como las zinias o las caléndulas.

3. Busque huevos u orugas de mariposa en las hojas de algodoncillo. Si encuentra alguno, colóquelo con cuidado en un tarro con algunas hojas.

4. Observe a las orugas mientras comen y crecen. Mudarán (mudarán de piel) varias veces y se harán más grandes.

5. Cuando dejen de comer y crezcan, formarán una crisálida, una cubierta protectora hecha de seda.

6. Siga observando la crisálida; al cabo de un tiempo, verá que sale de ella una hermosa mariposa.

7. Suelte la mariposa en su jardín. Obsérvela volar y disfrute de las flores.

Observando el ciclo vital de la mariposa, aprenderá sobre sus diferentes etapas, desde el huevo a la oruga, luego a la crisálida y finalmente a la mariposa.

Cómo interactuar con la fauna del jardín

Interactuar con la fauna del jardín es emocionante, pero si va a hacerlo, debe hacerlo bien.

Comederos para pájaros

Un comedero para pájaros puede ayudarle a interactuar con la fauna del jardín*

1. Encuentre una botella de plástico resistente o un cartón de leche vacío.

2. Pídale a un adulto que le ayude a hacer un pequeño agujero cerca del fondo de la botella o del cartón.

3. Adorne la botella o el cartón con pintura de colores o rotuladores.

4. Perfore dos agujeros pequeños cerca de la parte superior y pase un cordel por ellos para colgar el comedero.

5. Rellene el comedero con alpiste o trocitos de fruta.

6. Cuélguelo en un árbol o en un poste de su jardín.

7. Obsérvelo desde lejos y disfrute viendo cómo diferentes pájaros visitan su comedero.

Hotel de insectos

1. Consiga una pequeña caja o recipiente de madera con tapa.

2. Decore la caja si quiere que quede bonita.

3. Haga diferentes niveles y habitaciones dentro de la caja utilizando palos, ramitas y ramas.

4. Coloque piñas de pino, bambú o cañas huecas en algunas habitaciones para que los insectos se escondan y pongan huevos.

5. Llene otras habitaciones con hojas secas o pajas para crear espacios de descanso para los insectos.

6. Busque un lugar tranquilo en su jardín para colocar la casita.

7. Excave un agujero poco profundo y entierre parcialmente la caja, dejando la entrada accesible. O utilice una cuerda o alambre para sujetar la caja a la rama de un árbol o a una estaca.

8. Revise la casita con regularidad y añada nuevos materiales cuando sea necesario.

9. Observe y aprenda sobre los insectos que visitan la casita.

10. No utilice productos químicos nocivos en el jardín para proteger a los insectos.

Juegos de jardín

Aquí tiene algunos juegos y actividades divertidos para hacer en el jardín con su familia y amigos.

Caza del tesoro

1. Elabore una lista de objetos que se pueden encontrar en el jardín, como una hoja, una flor, una roca o una pluma en particular.

2. Entregue a cada jugador una copia de la lista y una bolsa para recoger sus tesoros.

3. Ponga un cronómetro para ver quién encuentra antes todos los objetos de la lista.

Bingo de la naturaleza

1. Cree tarjetas de bingo con dibujos de cosas que podría encontrar en el jardín, como una mariquita, una mariposa, un árbol o un pájaro.

2. Entregue a cada jugador una tarjeta de bingo y un bolígrafo o rotulador.

3. Exploren juntos el jardín y marquen los objetos en su cartón a medida que los vayan encontrando.

4. La primera persona que consiga marcar una línea o una tarjeta completa grita "¡Bingo!", y gana la partida.

Carrera de obstáculos en el jardín

1. Monte una divertida carrera de obstáculos en su jardín, utilizando objetos que encuentre, como aros de hula-hula, conos o cuerdas para saltar.

2. Cree retos como saltar a través de aros, zigzaguear entre conos o hacer equilibrios sobre un tronco.

3. Cronometre a cada jugador a medida que completa el recorrido y vea quién es el más rápido en terminarlo.

Mensaje de agradecimiento

Gracias por elegir este libro e interesarse por la jardinería. Su esfuerzo y entusiasmo por explorar el mundo de la jardinería son impresionantes. Es asombroso ver cómo florece su amor por la naturaleza y cómo crecen a la par sus habilidades y conocimientos. Su curiosidad y sus ganas de aprender bastan para inspirar a todos los que le rodean.

Al leer este libro, ha descubierto la magia pura que se esconde tras ver cómo una diminuta semilla se transforma en una hermosa flor o en la hortaliza más sana. Ha aprendido la importancia del sol, el agua y la tierra para sus plantas. Ha visto cómo la jardinería puede iluminarle el día y darle algo que desear.

El huerto es un lugar lleno de infinitas posibilidades. Es un medio para conectar con el mundo natural, cuidar las plantas y crear su propio trocito de paraíso. No se trata solo de cultivar flores bonitas o plantas comestibles. Es una celebración de la naturaleza y de todas las increíbles criaturas que trabajan juntas para mantener vivo el mundo natural. Se trata de cuidar el medio ambiente.

¡Usted será un jardinero increíble! Recuerde siempre el mensaje positivo y alentador que transmite este libro. No deje de sentir curiosidad por el maravilloso mundo de la jardinería. La naturaleza está esperando a que usted descubra todos sus secretos a través de su amor por las plantas y los animales. Sus habilidades y su experiencia crecerán como las flores de un jardín porque usted puede hacer cosas increíbles. Crea en sí mismo, salga ahí fuera y déjese guiar por sus pulgares verdes.

Vea más libros escritos por Dion Rosser

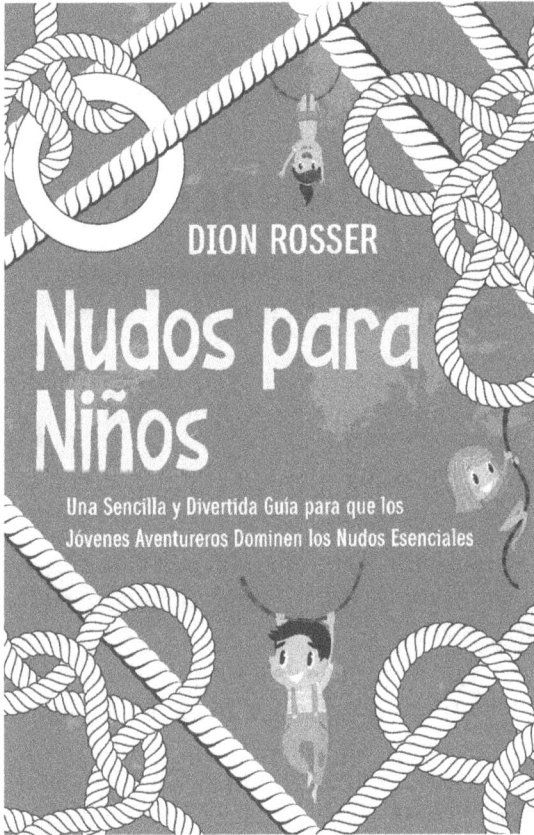

Referencias

10 essential outdoor survival tips. (n.d.). Nuvancehealth.Org. https://www.nuvancehealth.org/health-tips-and-news/10-essential-outdoor-survival-tips

3 Things You MUST Teach Children for Wilderness Survival. (n.d.). Survivalfitnessplan.Com. https://www.survivalfitnessplan.com/blog/wilderness-survival-lessons-children

Basic Knots. (2019, January 11). Animatedknots.com. https://www.animatedknots.com/basic-knots

Biggers, S. (2019, October 19). The Adhesives and Glues Every Prepper Needs. Backdoor Survival. https://www.backdoorsurvival.com/the-adhesives-and-glues-every-prepper-needs/

Biggers, S. (2020, April 8). Survival Skills List: 75 Important Skills From Basic To Advanced. Backdoor Survival. https://www.backdoorsurvival.com/survival-skills/

Brown, T., & Morgan, A. B., Jr. (2023, April 4). Making cordage from natural materials. Mother Earth News – The Original Guide To Living Wisely; Mother Earth News. https://www.motherearthnews.com/diy/making-cordage-natural-materials-zmaz83jfzraw/

Bushcraft basics - the ultimate beginners' guide - HANWAG STORIES. (2023, March 31).

Chowdhury, M. R. (2023, October 13). The positive effects of nature on your mental wellbeing. PositivePsychology.com. https://positivepsychology.com/positive-effects-of-nature/

Dale, A. (n.d.). What are the Essential Wilderness Skills? Tech Writer EDC. https://techwriteredc.com/the-art-of-survival-mastering-the-essential-skills-for-thriving-in-the-wilderness/

Dedman, G. (2019, December 2). 12 Essential items people should have with them when they venture outdoors. Bushcraft Survival Australia. https://bushcraftsurvivalaustralia.com.au/12-essential-items-people-should-have-with-them-when-they-venture-outdoors/

Dedman, G. (2021, January 31). Cordage - something you should never be without. Bushcraft Survival Australia. https://bushcraftsurvivalaustralia.com.au/cordage-something-you-should-never-be-without/

Dedman, G. (2022, August 10). Water acquisition and purification. Bushcraft Survival Australia. https://bushcraftsurvivalaustralia.com.au/water-acquisition-and-purification/

DeRushie, N. (2020). Fire and cooking. Woodland Bushcraft. https://www.woodlandbushcraft.com/fireandcooking

End, S. A. (2022, January 22). How to build a survival shelter in the wild. Survive After End. https://surviveafterend.com/how-to-build-a-survival-shelter-in-the-wild/

Environment, & Climate Change. (n.d.). Trapping and harvesting - kids and teachers. Gov.Nt.Ca. https://www.gov.nt.ca/ecc/en/services/trapping-and-harvesting/trapping-and-harvesting-kids-and-teachers

Fire Craft 101. (n.d.). Slideshare.net. https://www.slideshare.net/kevinestela/fire-craft-101-presentation

Foraging for beginners: Tips for safely gathering wild, edible foods. Waterproof, Windproof & Breathable Clothing. (2017, November 8). https://www.gore-tex.com/blog/foraging-food-wild-plants

FutureLearn. (2023, June 9). The importance of first aid: 5 reasons to learn. FutureLearn. https://www.futurelearn.com/info/blog/the-importance-of-learning-first-aid-5-reasons-to-learn

Gebhardt, M. (n.d.). Outdoor skills: Meaning, definition, origin. Survival Kompass. https://survival-kompass.de/dictionary/outdoor-skills/

Graham, S. (2023, May 5). How to Make Glue in the Wild: A Comprehensive Guide. Glue Savior. https://gluesavior.com/how-to-make-glue-in-the-wild/

Handling food safely while eating outdoors. (2022, February 17). U.S. Food and Drug Administration; FDA. https://www.fda.gov/food/buy-store-serve-safe-food/handling-food-safely-while-eating-outdoors

Harbour, S. (2020, December 15). Wilderness survival kits for kids: What to include? An Off Grid Life. https://www.anoffgridlife.com/wilderness-survival-kits-for-kids/

How to choose a wilderness campsite. (n.d.). Wilderness.net. https://wilderness.net/learn-about-wilderness/benefits/outdoor-recreation/camping/where-to-camp.php

How to tie a bowline knot. (n.d.). Rmg.co.uk. https://www.rmg.co.uk/stories/topics/how-tie-bowline-knot

Hurley, T. (2011, March 17). Outdoor cooking safety. LoveToKnow. https://www.lovetoknow.com/food-drink/meal-ideas/outdoor-cooking-safety

Hypothermia. (n.d.). WebMD. https://www.webmd.com/a-to-z-guides/what-is-hypothermia

James, J. (2020, March 17). 7 best ropes for survival based on uses and situation. Survival Freedom; Jim James. https://survivalfreedom.com/7-best-ropes-for-survival-based-on-uses-and-situation/

Leave no trace. (2023, September 6). The 7 principles - leave no trace center for outdoor ethics. Leave No Trace. https://lnt.org/why/7-principles/

Life, T. M. O. (2020, July 1). Nine natural shelters that can save your life in the wild. Popular Science. https://www.popsci.com/story/diy/natural-shelters-save-life-wild/

MacWelch, T. (2013, February 21). Survival skills: How to scout a good campsite. Outdoor Life. https://www.outdoorlife.com/blogs/survivalist/2013/02/survival-skills-how-scout-good-campsite/

MacWelch, T. (2020, October 12). How to process and use animal sinew. Outdoor Life. https://www.outdoorlife.com/story/survival/how-to-process-and-use-animal-sinew/

Nalanda. (2023, September 26). How to plan your first outdoor adventure as a family with kids. Medium. https://medium.com/digital-global-traveler/how-to-plan-your-first-outdoor-adventure-as-a-family-with-kids-1bbaa961eb70

Nesbitt, E. (2023, September 8). The benefits of teaching your kids bushcraft and survival skills. Wildlings Forest School. https://www.wildlingsforestschool.com/blog/bushcraft-and-survival-life-skills

Off The Grid. (2010, September 7). Staying warm in an emergency - Insulation. Off Grid Survival - Wilderness & Urban Survival Skills. https://offgridsurvival.com/emergencyinsulation/

Onbekend, T. (n.d.). Knowing survival firecraft can save your life. Extopian. https://extopian.com/outdoors/knowing-survival-fire-craft-can-save-your-life/

Owen, R. (2016, July 18). Camping in unfavorable weather: What to pack. The National Wildlife Federation Blog. https://blog.nwf.org/2016/06/camping-in-unfavorable-weather-what-to-pack/

Poffe, B. (2015, May 22). Bushcraft family, reconnect with nature. Rewilding Drum België; Rewilding Drum. https://www.rewildingdrum.be/bushcraft-good-for-your-tribe-good-for-you/

Rejba, A. (2019, July 1). Why is Shelter Needed for Survival? The Smart Survivalist Blog. https://www.thesmartsurvivalist.com/why-is-shelter-needed-for-survival/

Safety Kits Plus. (2021, May 21). First Aid Kits For Hiking & adventures. Safety Kits Plus. https://www.safetykitsplus.com/blogs/safety/first-aid-kits-for-hiking

Safety Kits Plus. (2021, May 21). First Aid Kits For Hiking & adventures. Safety Kits Plus. https://www.safetykitsplus.com/blogs/safety/first-aid-kits-for-hiking

Sherpa, S. (n.d.). Fire craft skills –. Survival Sherpa. https://survivalsherpa.wordpress.com/tag/fire-craft-skills/

Spera, J. (2018, May 8). Camping gear: 27 essentials for camping with kids. Today's Parent: SJC Media. https://www.todaysparent.com/family/activities/camping-gear-essentials-kids/

Spirit, B. (n.d.). Survival basics. Survival Basics | Bushcraft Spirit. https://www.bushcraftspirit.com/survival-basics/

Stricklin, T. (2023, October 5). 15 dangerous diseases caused by contaminated drinking water. SpringWell Water Filtration Systems. https://www.springwellwater.com/15-dangerous-diseases-caused-by-contaminated-drinking-water/

Survival hunting and trapping. (2015, September 14). Survival Skills and Bushcraft for the Modern Survivalist. https://yostsurvivalskills.com/survival-hunting-trapping/

Survival, A. (n.d.). Fire Craft. Armstrong Survival. https://armstrongsurvival.com/tag/fire-craft/

Tautline hitch. (n.d.). Netknots.com. https://www.netknots.com/rope_knots/tautline-hitch

Teaching basic first aid to kids. (2020, December 14). RUN WILD MY CHILD. https://runwildmychild.com/teaching-first-aid/

Teaching basic first aid to kids. (2020, December 14). RUN WILD MY CHILD. https://runwildmychild.com/teaching-first-aid/

Teaching CPR to children. (2019, March 15). HSI. https://hsi.com/solutions/cpr-aed-first-aid-training/resources-media/blog/teaching-cpr-to-children

Teaching CPR to children. (2019, March 15). HSI. https://hsi.com/solutions/cpr-aed-first-aid-training/resources-media/blog/teaching-cpr-to-children

What's the best material to use for waterproofing a survival shelter? (2019, January 12). Bushcraft Buddy. https://bushcraftbuddy.com/whats-the-best-material-to-use-for-waterproofing-a-survival-shelter/

Wilderness survival shelter. (n.d.). Bushcraftspirit.com. http://www.bushcraftspirit.com/wilderness-survival-shelter/

Wilderness survival: Fire & Knives. (n.d.). Trackerspdx.com. https://trackerspdx.com/youth/halloween-camps/wilderness-survival-fall-fire-knives.php

Wilderness Survival: Firecraft. (n.d.). Wilderness-survival.net. https://www.wilderness-survival.net/chp7.php

Wilderness survival. (n.d.). Mountainshepherd.com. https://mountainshepherd.com/home-2/wilderness-survival/

Williams, T. (2023, June 27). How to build a shelter: Your home away from home. Desert Island Survival. https://www.desertislandsurvival.com/how-to-build-a-shelter/

Willis, D. (n.d.). What is Bushcraft? Bushcraft with David Willis. http://www.davidwillis.info/what-is-bushcraft

Alsuwaidi, N. A. (2017, 20 de marzo). Pequeño jardinero. Plataforma de publicación independiente Createspace.

Bone, E., & Wheatley, A. (2015, 1 de enero). Jardinería para principiantes.

Collins, C., & Lia, L. (2017, 4 de abril). Cultive su propio huerto para niños. Mitchell Beazley.

Cutler, K. D., Fisher, K., DeJohn, S., & Association, N. G. (2010, 29 de octubre). Jardinería de hierbas para tontos. John Wiley & Sons.

Flint, M. L. (2018, 1 de enero). Plagas del jardín y la pequeña granja, 3ª edición. Publicaciones de la UCANR.

Gaines, J. (2019, 26 de marzo). Nosotros somos los jardineros. Thomas Nelson.

Gosling, L. (2023, 28 de febrero). Mi primer jardín. DK Publishing (Dorling Kindersley).

Hogner, D. C. (1974, 1 de enero). Buenos y malos bichos en su jardín.

Krezel, C. (2010, 1 de abril). Jardinería en contenedores para niños. Chicago Review Press.

Lovejoy, S. (2017, 24 de enero). Raíces, brotes, cubos y botas. Hachette UK.

Pierce, T. (2019, 7 de mayo). Mi ajetreado jardín verde.

Tai, L. (2021, 15 de marzo). La magia de los jardines infantiles. Temple University Press

Fuentes de imágenes

[1] https://www.pexels.com/photo/family-standing-near-the-campfire-in-the-woods-9210491/

[2] https://www.pexels.com/photo/first-aid-kit-on-gray-background-5673523/

[3] https://www.pexels.com/photo/green-and-white-tents-near-trees-939723/

[4] https://www.pexels.com/photo/waterfall-seen-from-tent-15310519/

[5] Teejaybee, CC BY-NC-ND 2.0 DEED <https://creativecommons.org/licenses/by-nc-nd/2.0/> https://www.flickr.com/photos/teejaybee/8591215307

[6] Francois Boulogne, CC BY-SA 3.0 <https://creativecommons.org/licenses/by-sa/3.0>, vía Wikimedia Commons https://commons.wikimedia.org/wiki/File:Firesteel_light_my_fire_army_model.jpg

[7] https://www.peakpx.com/526025/blue-and-stainless-steel-thermal-carafe

[8] https://www.pexels.com/photo/person-holding-a-compass-3832684/

[9] https://www.wallpaperflare.com/man-standing-beside-camping-tent-wearing-headlamp-during-nighttime-man-using-headlamp-beside-cabin-tent-wallpaper-zmonu

[10] https://www.wallpaperflare.com/hiking-backpacks-on-grass-with-mountains-background-blue-and-red-camping-bag-on-green-grass-field-wallpaper-zhowh

[11] https://www.pexels.com/photo/children-in-winter-clothes-sitting-inside-a-tent-reading-books-6482318/

[12] https://www.pexels.com/photo/compass-placed-on-a-world-map-8828681/

[13] https://www.pexels.com/photo/first-aid-kit-on-gray-background-5673523/

[14] Joseph, CC BY-SA 2.0 DEED < https://creativecommons.org/licenses/by/2.0/> https://www.flickr.com/photos/umnak/14262748579

[15] https://www.pexels.com/photo/snow-on-rocky-mountain-peak-19168467/

[16] *Ji-Elle, CC BY-SA 3.0 <https://creativecommons.org/licenses/by-sa/3.0>, vía Wikimedia Commons: https://commons.wikimedia.org/wiki/File:Cordage_en_chanvre.jpg*

[17] *David J. Fred, CC BY-SA 2.5 <https://creativecommons.org/licenses/by-sa/2.5>, vía Wikimedia Commons: https://commons.wikimedia.org/wiki/File:Paracord-Commercial-Type-III.jpg*

[18] *Angelsharum, CC BY-SA 3.0 <https://creativecommons.org/licenses/by-sa/3.0>, vía Wikimedia Commons: https://commons.wikimedia.org/wiki/File:Nylon_Rope.JPG*

[19] *https://commons.wikimedia.org/wiki/File:Knot_square.jpg*

[20] *Buz11, CC BY-SA 4.0 <https://creativecommons.org/licenses/by-sa/4.0>, vía Wikimedia Commons: https://commons.wikimedia.org/wiki/File:Bowline_tying.png*

[21] *David J. Fred, CC BY-SA 2.5 <https://creativecommons.org/licenses/by-sa/2.5>, vía Wikimedia Commons: https://commons.wikimedia.org/wiki/File:TautlineHitch-ABOK-1800.jpg*

[22] *https://commons.wikimedia.org/wiki/File:EB1911_-_Knot_-_Fig._13_-_Clove_Hitch.jpg*

[23] *https://www.pickpik.com/tent-shelter-homeless-hut-cover-tarp-rectangular-117012*

[24] *GabeD, CC BY-NC-ND 2.0 DEED< https://creativecommons.org/licenses/by-nc-nd/2.0/> https://www.flickr.com/photos/augustuspics/7043841387*

[25] *https://www.wallpaperflare.com/photo-of-gray-cave-nature-landscape-shelter-hiding-place-wallpaper-wffwt*

[26] *https://commons.wikimedia.org/wiki/File:Field-expedient_lean-to_and_fire_reflector.jpg*

[27] *Jomegat, CC BY-SA 3.0 <https://creativecommons.org/licenses/by-sa/3.0>, vía Wikimedia Commons: https://commons.wikimedia.org/wiki/File:Pole_tarp_and_rope_shelter_4855.JPG*

[28] *Photo by Kirk Thornton: https://www.pexels.com/photo/stars-at-alabama-hills-14213402/*

[29] *https://www.wallpaperflare.com/burning-wood-surrounded-with-snow-camp-fire-winter-outdoor-wallpaper-whkdx*

[30] *https://www.pexels.com/photo/abstract-beach-bright-clouds-301599/*

[31] *Dave Gough, CC BY 2.0 DEED <https://creativecommons.org/licenses/by/2.0/> https://www.flickr.com/photos/spacepleb/1505372433*

[32] *https://www.pickpik.com/fire-camping-camp-nature-campfire-forest-91264*

[33] *https://pixabay.com/vectors/campfire-wood-fire-firewood-31930/*

[34] *https://commons.wikimedia.org/wiki/File:Methods_of_laying_fires.jpg*

[35] *https://pixabay.com/vectors/water-drink-body-human-hydration-5767178/*

[36] *SMART Servier Medical Art, CC BY-SA 3.0 <https://creativecommons.org/licenses/by-sa/3.0>, vía Wikimedia Commons: https://commons.wikimedia.org/wiki/File:Boiling_water_in_a_pan.png*

[37] *Sankar 1995, CC BY-SA 4.0 <https://creativecommons.org/licenses/by-sa/4.0>, vía Wikimedia Commons: https://commons.wikimedia.org/wiki/File:Orange_Nasturtium_Flower_-_Shola_Gardens_-_Kotagiri.jpg*

[38] *Zeynel Cebeci, CC BY-SA 4.0 <https://creativecommons.org/licenses/by-sa/4.0>, vía Wikimedia Commons: https://commons.wikimedia.org/wiki/File:Taraxacum_officinale_-_Common_dandelion_03.jpg*

[39] *Rizka, CC BY-SA 4.0 <https://creativecommons.org/licenses/by-sa/4.0>, vía Wikimedia Commons: https://commons.wikimedia.org/wiki/File:Doll%27s_Eyes,_Mount_Auburn_Cemetery,_Cambridge,_Massachusetts.jpg*

[40] *Alvesgaspar, CC BY-SA 3.0 <http://creativecommons.org/licenses/by-sa/3.0/>, vía Wikimedia Commons: https://commons.wikimedia.org/wiki/File:Nerium_oleander_flowers_leaves.jpg*

[41] *Jason Pratt de Pittsburgh, PA, CC BY 2.0 <https://creativecommons.org/licenses/by/2.0>, vía Wikimedia Commons: https://commons.wikimedia.org/wiki/File:Cooking_Hot_Dogs_on_the_Campfire_(3677843356).jpg*

[42] *https://pixabay.com/vectors/questions-man-head-success-lamp-2519654/*

[43] *https://pixabay.com/vectors/band-aid-first-aid-medical-adhesive-3116999/*

[44] *© Raimond Spekking: CC BY-SA 4.0 DEED <https://creativecommons.org/licenses/by-sa/4.0/deed> https://commons.wikimedia.org/wiki/File:Pr%C3%A4meta_tourniquet-4981.jpg*

[45] *https://commons.wikimedia.org/wiki/File:Cardiopulmonary_Resuscitation_Adult.jpg*

[46] *https://www.pexels.com/photo/person-fishing-294674/*

[47] *https://pixabay.com/vectors/paw-print-paw-foot-prints-footprint-2165814/*

[48] *https://commons.wikimedia.org/wiki/File:Distress_Signals.png*

[49] *https://www.pexels.com/photo/green-grass-field-13975/*

[50] *https://www.pexels.com/photo/assorted-color-flowers-298246/*

[51] *https://www.pexels.com/photo/person-watering-a-potted-plant-4503268/*

[52] *https://www.pexels.com/photo/person-wearing-green-gloves-holding-garden-tools-7782975/*

[53] *WayneRay, CC BY-SA 4.0 <https://creativecommons.org/licenses/by-sa/4.0>, a través de Wikimedia Commons: https://commons.wikimedia.org/wiki/File:Watering_can_WPC6.JPG*

[54] *https://www.pexels.com/photo/person-digging-on-soil-using-garden-shovel-1301856/*

[55] *Foto de Joanna Kosinska en Unsplash https://unsplash.com/photos/blueberries-on-white-ceramic-container-4qujjbj3srs*

[56] *Foto de Marius Ciocirlan en Unsplash https://unsplash.com/photos/orange-pumpkins-on-gray-field-near-green-grassland-at-daytime-selective-focus-photography-T9pdHqCsyoQ*

[57] *Foto de Yakov Leonov en Unsplash https://unsplash.com/photos/green-leaves-in-macro-lens-0wWYos3ZGqU*

[58] *Foto de Julia Kwiek en Unsplash https://unsplash.com/photos/orange-flowers-with-green-leaves-2j8X-RpB1sM*

[59] *https://unsplash.com/photos/purple-and-yellow-flower-in-tilt-shift-lens-Md_rDAJxRLM?utm_content=creditShareLink&utm_medium=referral&utm_source=unsplash*

[60] *https://www.pexels.com/photo/vegetables-harvest-fresh-basket-175414/*

[61] *https://commons.wikimedia.org/wiki/File:Wild_strawberries_ARS.jpg*

[62] *https://unsplash.com/photos/honeybee-perching-on-yellow-flower-yxXpjF-RmA?utm_content=creditShareLink&utm_medium=referral&utm_source=unsplash*

---

[63] https://unsplash.com/photos/macro-photography-of-orange-and-black-bug-perching-on-plant-906sxg0humM?utm_content=creditShareLink&utm_medium=referral&utm_source=unsplash

[64] Foto de Ingo Doerrie en Unsplash https://unsplash.com/photos/close-up-photography-of-beetle-btmrHN8V3B0

[65] xpda, CC BY-SA 4.0 <https://creativecommons.org/licenses/by-sa/4.0>, a través de Wikimedia Commons: https://commons.wikimedia.org/wiki/File:Aleyrodidae_P1560540a.jpg

[66] Sharon Mollerus, CC BY 2.0 <https://creativecommons.org/licenses/by/2.0>, a través de Wikimedia Commons: https://commons.wikimedia.org/wiki/File:Field_of_Weeds_(2636333676).jpg

[67] Foto de Roman Synkevych en Unsplash https://unsplash.com/photos/green-plant-sprouting-at-daytime-fjj7lVpCxRE

[68] Sri2161k, CC BY-SA 4.0 <https://creativecommons.org/licenses/by-sa/4.0>, a través de Wikimedia Commons: https://commons.wikimedia.org/wiki/File:Pebbles_6.jpg

[69] https://unsplash.com/photos/brown-bird-on-red-wooden-bird-house-vkDh08uoNJg?utm_content=creditShareLink&utm_medium=referral&utm_source=unsplash

www.ingramcontent.com/pod-product-compliance
Lightning Source LLC
Chambersburg PA
CBHW071951260326
41914CB00004B/790